पर्यावरणीय अध्ययन, आपदा प्रबंधन और मीडिया

ENVIRONMENTAL STUDIES, DISASTER MANAGEMENT & MEDIA

डा0 राज किशोर

एम0एससी0, पीएच0डी0 (वनस्पति शास्त्र)
एम0ए0 (हिन्दी)
एम0जे0 (पत्रकारिता)

Environmental Studies, Disaster Management & Media

Edition: March 2023, First Edition
Website: https://notionpress.com

Price: 400/- (Rupees Four Hundred Only)

Printed and Published by-
Notion Press Pvt. Ltd. Tamilnadu, India.
www.notionpress.com

तुभ्यं वातः पवतां मातरिश्वा तुभ्यं वर्षन्त्वमृतान्यापः।

सूर्यस्ते तन्वे शं तपाति त्वां मृत्युर्दयतां मा प्रमेष्ठाः।।

अथर्ववेद 8.1.5

अर्थात्

'तुम्हारे लिए अन्तरिक्ष में चलने वाली वायु शुद्ध हो, तुम्हारे लिए जलधाराएं अमृतमयी हों, सूर्य तुम्हारे शरीर के लिए शान्तिपूर्वक तपे, मृत्यु तुम पर दया करे और तू दुखी न हो।'

राष्ट्र के सभी पर्यावरण योद्धाओं को सादर समर्पित।

प्राक्क्थन

"ओम्। अहं राष्ट्री संगमनी वसूनां, चिकतुषी प्रथमा यज्ञियानाम्।

तां मा देवा व्यदुधः पुरूषा, भूरिस्थात्रां भूर्यावेशयन्तीम्।।"

(मनीषियों को ज्ञान प्रदान करने वाली तथा राष्ट्र को ऐश्वर्यों की प्राप्ति कराने वाली, राष्ट्र की अपनी भाषा ही राष्ट्रजनों में दिव्य शक्तियों को स्थापित करती है।)

लेखकीय जीवन में स्वास्थय, पर्यावरण, कृषि, अध्यात्म और व्यक्तित्व आधारित अनेकानेक रोचक विषयों पर राष्ट्रीय–अन्तर्राष्ट्रीय स्तर की पत्र–पत्रिकाओं में अब तक 130 लेख और अनेक 'नियमित स्तंभ' आदि प्रकाशित हो चुके हैं। साक्षरता निकेतन, राज्य संसाधन केन्द्र, उत्तर प्रदेश, लखनऊ के आमंत्रण पर नवसाक्षरों के लिए यद्यपि मैं 'गेंदे की खेती' तथा 'गुलाब की खेती' विषयक दो पुस्तकों का लेखन पूर्व में कर चुका हूँ तथापि एक परिपूर्ण पुस्तक के रूप में विधिवत प्रस्तुत पुस्तक को ही मैं अपनी पहली रचना मानता हूँ। हिन्दी में वैज्ञानिक विषयों पर लेखन की मेरी यात्रा का आरम्भ वर्ष 1977 में 'विज्ञान प्रगति' पत्रिका में प्रकाशित मेरे प्रथम लेख 'पोषक तत्वों और विटामिनों से

भरपूर सेला चावल' से हुआ। तब से अब तक की जीवन–यात्रा में कुछ दैहिक, दैविक और भौतिक सन्तापों से युक्त कठिन व्यवधानों के बावजूद भी कुछ–न–कुछ लेखन कार्य अहर्निश जारी है।

इस धरा पर प्रत्येक जीव का अपना पर्यावास होता है, और जीव तथा पर्यावास, दोनों ही परस्पर एक–दूसरे को अपने–अपने सुखद और दुःखद प्रभावों से प्रभावित किये बिना नही रह सकते हैं। वैश्विक स्तर पर जल,थल और नभ में मनुष्यों के साथ–साथ असंख्य प्रकार के जीवों और वनस्पतियों का वास है, और ये सभी जीव परस्पर एक–दूसरे को किसी–न– किसी रूप में निरन्तर प्रभावित करते हुए सह–अस्तित्व बनाए हुए हैं। यह सह–अस्तित्व ही इस जगत का पारिस्थितिकी तंत्र है जो अनेक कड़ियों से बनी एक चेन के समान है, जिसमें से किसी भी कड़ी के समाप्त हो जाने से सम्पूर्ण पारिस्थितिकी तंत्र के अस्तित्व पर संकट मडराने लगता है। मनुष्यों सहित सभी जीव–जन्तु अपने जीवन की सभी मूलभूत आवश्यकताओं की पूर्ति जल,थल और नभ से ही करते हैं। इसलिए इस जल,थल और नभ का स्वच्छ, स्वस्थ और

प्रदूषणरहित बने रहना नितांत आवश्यक है। विगत कुछ वर्षों में वैश्विक स्तर पर समाज के प्रत्येक स्तर पर पर्यावरण के प्रति लगाव और जागरूकता में अकल्पनीय रूप से वृद्धि हुई है, जिसके पीछे जनभावनाओं का बहुत योगदान हैं।

प्रस्तुत पुस्तक में पर्यावरण की बहुआयामी प्रकृति, उससे जुड़े अनेक रहस्यों, इन रहस्यों की गूढ़ता को परिभाषित करते शब्द और परिभाषाएँ तथा पर्यावरणीय विषयों के प्रत्येक पहलू को सरल भाषा और शैली में लिखने का प्रयास किया गया है, ताकि समाज से जुड़े हुए प्रत्येक वर्ग और व्यक्ति, चाहे वो छात्र हो, शिक्षक हो, मीडियाकर्मी हो या फिर आम व्यक्ति हो या सभी स्वयं के लिए उपयोगी पर्यावरण सम्बन्धी सामान्य और आवश्यक जानकारियाँ आसानी से जान–समझ सकें और आस–पास के पर्यावरण के प्रति उनको रूचि और सजगता बढ़ सके।

मैं उन सभी स्रोतों, सन्दर्भों और विद्वानों के प्रति सादर आभार व्यक्त करता हूँ जिनकी प्रेरणा, शुभकामनाओं और सहायता से इस पुस्तक का सृजन संभव हो सका। इस पुस्तक के सृजन को संभव बनाने के लिए अपने परममित्र डा0 राजेश कुमार शुक्ला, विभागाध्यक्ष, पत्रकारिता

विभाग और डॉ प्रदीप कुमार तिवारी, विभागाध्यक्ष, शिक्षाशास्त्र विभाग, आईईएफटीएम विश्वविद्यालय, मुरादाबाद, उत्तर प्रदेश का मैं सदैव ऋणी रहूँगा, क्योंकि उनके अप्रतिम सहयोग और मार्गदर्शन के बिना यह सृजन सम्भव नहीं हो पाता।

मेरा यह दृढ़ विश्वास हैं कि कुछ भी लिखना और उसको छापना किसी प्रसव–पीड़ा के विभिन्न आयामों से गुजरने के समान होता है और किसी भी प्रसव–पीड़ा की वेदना को स्त्री से ज्यादा अच्छी तरह से और कोई भी नहीं समझ सकता है। इस पुस्तक के सृजन की प्रसव–पीड़ा को आनन्ददायी बनाने में मेरी धर्मपत्नी श्रीमती मधुलता का अतुलनीय योगदान है। अस्तु! मैं उनके प्रति हृदय से कृतज्ञता व्यक्त करता हूँ जिनका निःस्वार्थ प्रेम और सहयोग इस सृजन का पाथेय बना।

डा0 राज किशोर

E-mail- rajkishorefzd@gmail.com
अयोध्या, उत्तर प्रदेश, भारत।
दिनांक– मार्च 2023

विषय–सूची

जैवविविधता के प्रकार, भारत का जैवभौगोलिक वर्गीकरण, जैवविविधता की महत्ता, वैश्विक, राष्ट्रीय एवं स्थानीय स्तरों पर जैवविविधता परिदृश्य, वैश्विक जैवविविधता, राष्ट्रीय जैवविविधता, स्थानीय या क्षेत्रीय जैवविविधता, वृहद—विविधता वाले राष्ट्र के रूप में भारत, जैवविविधता पर आसन्न संकट, आवासीय अवक्षय, अवैधानिक रूप से वन्य प्राणियों का शिकार, मानव—वन्यजीव संघर्ष, भारत की विलुप्तप्राय तथा विशेषक्षेत्री जातियां, सुभेद्य जातियां, दुर्लभ जातियां, विलुप्त प्रायः जातियां, विलुप्त जातियां, संकटमयी जातियां, भारत की विशेषक्षेत्री जातियां

अध्याय—5ः पर्यावरणीय प्रदूषण (Environmental Pollution)

59

प्रदूषकों का वर्गीकरण, अनिम्नीकरणीय प्रदूषक, जैव—निम्नीकरणीय प्रदूषक, वायु प्रदूषण, वायु प्रदूषण के स्रोत एवं कारण, वायु प्रदूषण नियंत्रण के उपाय, जल प्रदूषण, नदी—झीलों एवं सागरों का प्रदूषण, भूमिगत जल का प्रदूषण, मृदा प्रदूषण, मृदा—प्रदूषण के स्रोत एवं कारण, मृदा प्रदूषण का नियंत्रण, ध्वनि प्रदूषण, ध्वनि प्रदूषण के कारण, ध्वनि प्रदूषण नियंत्रण के उपाय, उष्मीय या तापीय प्रदूषण, उष्मीय प्रदूषण के

स्रोत एवं कारण, उष्मीय प्रदूषण का नियंत्रण, समुद्री प्रदूषण के स्रोत एवं कारण, समुद्री प्रदूषण, समुद्री प्रदूषण का नियंत्रण, न्यूक्लियर हैजार्ड्स, प्राकृतिक स्रोत, मानव निर्मित स्रोत, न्यूक्लियर हैजार्ड्स का प्रबन्धन, रसायनिक आपदा।

बाढ़ आपदा, बाढ़ का नियंत्रण, भूकम्प आपदा, भूकम्प आपदा से बचाव, चक्रवात, उष्ण कटिबंधीय चक्रवात, शीतोष्ण कटिबंधीय चक्रवात, चक्रवाती तूफान से सुरक्षा और बचाव, भूस्खलन, भूस्खलन के सांकेतिक लक्षण, भूस्खलन का नियंत्रण, सुनामी, सुनामी के दुष्प्रभाव, सुनामी से बचाव के उपाय, वज्रपात, वज्रपात से बचने के उपाय, वज्रपात के मौसम में क्या करें, टिड्डियों का आक्रमण।

वर्ष 1869 का राजपुताना दुर्भिक्ष, वर्ष 1896—97 का भारतीय दुर्भिक्ष, बंगाल का भीषण दुर्भिक्ष।

अध्याय–1

पर्यावरण

(Environment)

पर्यावरण अर्थात एनवायरनमेंट शब्द की उत्पत्ति फ्रेंच शब्द 'एनवायरोनमेर' (Environmer) या 'एनवायरोनिया' (Environia) से हुई है जिसका शब्दिक अर्थ है 'चारो ओर से घेरना'। पर्यावरण हमारे जीवन का मूल आधार है। यह हमें सांस लेने के लिए हवा, पीने के लिए जल, खाने के लिए भोजन एवं रहने के लिए भूमि प्रदान करता है। किसी भी भौतिक वस्तु या जीवित प्राणी के चारो ओर पाये जाने वाले स्थान, वस्तुएं तथा प्रकृति को समवेत रूप में पर्यावरण कहते हैं। यह प्राकृतिक एवं मानव –निर्मित परिघटनाओं का मिश्रण है। प्राकृतिक पर्यावरण में पृथ्वी पर पायी जाने वाली जीवीय (biotic) तथा अजीवीय(*abiotic*)परिस्थितियाँ सम्मिलित हैं जबकि मानव निर्मित पर्यावरण में मानव की परस्पर क्रियाएं उनकी गतिविधियां एवं उनके द्वारा निर्मित रचनाएं सम्मिलित हैं।

पर्यावरण निश्चित रूप से वैश्विक स्तर पर मनुष्यों के साथ–साथ अन्य जीव–जन्तुओं और वनस्पतियों के जीवन के लिए अत्यंत ही आवश्यक तत्व है। प्रकृति में रहने वाली प्रत्येक जीवीय इकाई अपने चारो ओर के पर्यावरण को प्रभावित करती है। चूंकि

पृथ्वी पर जीवन और सभ्यता शुरू होने के समय से ही मनुष्य प्रकृति का सबसे प्रभावी कारक रहा है। इसलिए उसने ही पर्यावरण को सबसे अधिक प्रभावित भी किया है। दूसरे शब्दों में कहें तो उसने पर्यावरण को नष्ट हो जाने की स्थिति तक प्रभावित किया है और निरंतर कर रहा है। वस्तुतः मनुष्यों पर्यावरण को उसी दिन से प्रदूषित करना प्रारम्भ कर दिया था जिस दिन उसने पहली बार आग जलाना सीखा था और जिस दिन उस पहिए का आविष्कार किया था। इसीलिए पर्यावरण के संरक्षण और सुरक्षा के लिए समाज के आमजन के भीतर चेतना, जागरूकता और अलख जगाना अति आवश्यक हो गया है।

पर्यावरण के घटकः मुख्य रूप से पर्यावरण के दो महत्वपूर्ण घटक होते हैं जो इस प्रकार हैं:

1. प्राकृतिक पर्यावरणीय घटक
2. मानव निर्मित पर्यावरणीय घटक

1. प्राकृतिक पर्यावरणीय घटक

इसके अन्तर्गत भूमि, जल, वायु तथा वनस्पतियां एवं जीव–जन्तु आते हैं जो क्रमशः 'स्थलमण्डल', 'जलमण्डल', 'वायुमण्डल' एवं 'जैवमण्डल' के नामों के अन्तर्गत वर्गीकृत एवं नामित किए जाते हैं। इन सभी का विस्तृत वर्णन इस प्रकार है:

(क) स्थलमण्डल (*Landsphere*)

स्थलमण्डल के अन्तर्गत वन, कृषि कार्य, मानव आवासोंएवं चारागाह के लिए आवश्यक एवं उपयोगी भूमि आती है। पृथ्वी की ठोस ऊपरी परत या ठोस पर्पटी को ही स्थलमण्डल कहते हैं। यह चट्टानों एव खनिजों से बना होता है जो मिट्टी की पतली परत से ढका होता है। स्थलमण्डल विभिन्न प्रकार की खनिज संपदा का भी स्रोत होता है। इसे पृथ्वी की बाहय परत भी कहते हैं।

(ख) जलमण्डल (Hydrosphere)

पृथ्वी पर मौजूद जल के विभिन्न स्रोतों जैसे नदी, झील, समुद्र और महासागर तथा भूगर्भीय जल के स्रोत जलमण्डल के अन्तर्गत आते हैं।

(ग) वायु मण्डल (*Atmosphere*)

पृथ्वी के चारो ओर फैली वायु की पतली पर्त को वायुमण्डल कहते हैं। इसमें विभिन्न प्रकार की गैसें, धूल–कण, प्रदूषणकारी तत्व एवं जलवाष्प उपस्थित रहती है। वायुमण्डल सूर्य की प्रचण्ड गर्मी और हानिकारक किरणों से सभी जीव–जन्तुओं को सुरक्षा प्रदान करता है। वायुमण्डल में होने वाले किसी भी प्रकार के परिवर्तनों से मौसम एवं जलवायु में परिवर्तन होता रहता है।

(घ) जैवमण्डल (*Biosphere*)

धरा पर पाए जाने वाले सभी पादप एवं जीव–जन्तु मिलकर जैवमण्डल का निर्माण करते हैं। इसी मण्डल में जीवन की रचना होती है। जैवमण्डल पृथ्वी का वह संकीर्ण स्थल है, जहाँ स्थल, जल एवं वायु मिलकर जीवन को सम्भव बनाते हैं।

(च) पारितंत्र (Ecosystem)

पृथ्वी पर रहने वाले समस्त जीवधारियों के बीच आपस में तथा अपने चारो ओर के पर्यावरण के सभी भौतिक एवं रसायनिक कारकों के साथ परस्पर क्रिया–प्रतिक्रिया करना ही पारितंत्र का निर्माण करता है । यह सभी क्रियाएं ऊर्जा और पदार्थ के स्थानान्तरण द्वारा सम्बद्ध होती हैं। पारितंत्र शब्द का प्रयोग वर्ष 1935 में सर्वप्रथम टेन्सले ने किया था।

2. मानवनिर्मित पर्यावरणीय घटक

मानव शब्द के अन्तर्गत व्यक्ति, परिवार, समुदाय, शैक्षिक एवं धर्म विषयक, आर्थिक एवं राजनैतिक आदि गतिविधियां समाहित होती हैं। धरती पर मानव के आविर्भाव के बाद आदिम मानव ने अपने को अपने चारों ओर मौजूद प्रकृति के अनुरूप ढाल कर उससे सामंजस्य बना लिया था। आदिम मानव का जीवन एवं उसकी जीवन–शैली सरल थी। उसकी दैनिक आवश्यकताएं न्यूनतम थीं जिसके कारण आस–पास की प्रकृति से उसकी आवश्यकताएं पूरी

हो जाती थीं। समय के साथ उसकी आवश्यकताएं बढ़ती गईं जिसके कारण मानव पर्यावरण के उपयोग एवं उसमें परिवर्तन की अनेकानेक विधियां विकसित करता गया। मानव निर्मित पर्यावरणीय घटकों में भवन, सड़क, पुल, औद्योगिक फैक्टरियां, विभिन्न प्रकार के वाहन, अस्त्र–शस्त्र, गोला–बारूद एवं आण्विक संयंत्र आदि आते हैं।

इस दुनिया में जीवन विविध और अनोखा है लेकिन हम सभी में जो समानता है वे यह है कि हम एक ही दुनिया में साथ–साथ रहते हैं और सांस लेते हैं। इसलिए हमारी सामूहिक क्रियाएं हमारे साझा वातावरण पर प्रभाव डालती हैं, जिसने जलवायु परिवर्तन से सम्बन्धित मौसम के स्वरूप के बदलते रुख में बढ़ोत्तरी की है और पर्यावरण की गुणवत्ता को घटाने जैसे नकारात्मक परिणामों में योगदान दिया है। इसके कारण मानव समाज को सामाजिक–आर्थिक रूप से मूल्य चुकाना पड़ता है। वर्ष 2017 में "यूनाईटेड किंगडम एजेंसी फॉर इंटरनेशनल डेवलपमेंट"के एक आकलन के अनुसार भारत को मौसम एवं अन्य पर्यावरण सम्बन्धी कारणों के फलस्वरूप विगत दस वर्ष की अवधि में वार्षिक रूप से औसतन 170 बिलियन अमरीकी डालर का नुकसान भुगतना पड़ा था।

अध्याय–2

पारितंत्र या पारिस्थितिकी तंत्र
(Ecosystem)

प्रकृति में कोई भी जीव या एक जाति अकेली नहीं रहती है बल्कि उसमें अन्य जीव–जन्तु भी वास करते हैं और वे एक दूसरे को प्रभावित करते रहते हैं। ये सभी जीव–जन्तु आपस में मिलकर एक समुदाय बनाते हैं। विभिन्न समुदायों के बीच परस्पर क्रिया के साथ–साथ इनका अपने पर्यावरण के साथ भी घनिष्ठ सम्बन्ध होता है। विभिन्न समुदायों का यह संरचनात्मक एवं घनिष्ठ तंत्र एवं उनके पर्यावरण को समवेत रूप में इकोतंत्र या पारितंत्र कहते हैं। इकोतंत्र संकल्पना प्रकृति के कार्य संचालन पर प्रकाश डालती है और मानव द्वारा वैश्विक स्तर पर पर्यावरण विषयक समस्याओं को समझने और उनके निवारण की सबसे उपयुक्त संकल्पना है।

पारितंत्र (इकोसिस्टम) की परिभाषा

इकोसिस्टम शब्द का प्रयोग सर्वप्रथम टेन्सले ने वर्ष 1935 में किया था। इकोसिस्टम पारिस्थितिकी की वह मूल क्रियात्मक इकाई है जिसमें जैव समुदाय (biological community)अपने अजीवीय(abiotic) पर्यावरण से पूर्णतया परस्पर सम्बन्धित एवं उस पर आश्रित होता है। किसी भी इकोसिस्टम में जीवित एवं अजीवित

पर्यावरण, दोनों ही सम्मिलित होते हैं, दोनों ही एक–दूसरे को प्रभावित करते हैं, जीवन–चक्र के लिए दोनों ही अति महत्वपूर्ण होते हैं, तथा किसी एक की अनुपस्थिति में दूसरे का कोई महत्व नहीं रह जाता है।

पारितंत्र की संकल्पना (Concept of Ecosystem)

कोई भी इकोसिस्टम पारिस्थितिकी की एक प्राकृतिक क्रियात्मक इकाई है जिसमें जीवीय और अजीवीय पर्यावरण आपस में क्रिया करके एक स्थिर तंत्र बनाते हैं। कोई भी इकोसिस्टम पूर्णरूपेण एक स्वनियमित पारिस्थितिक इकाई होता है।

किसी भी इकोसिस्टम की संकल्पना का प्रमुख आधार यह होता है कि किसी भी स्थान विशेष पर जहां कोई जीव रहता है वहां जीवीय और अजीवीय घटकों के मध्य सतत रूप से पारस्परिक क्रियाएं होती रहती हैं जिसमें वनस्पतियां, जन्तु तथा उनका पर्यावरण भाग लेते हैं। ये सभी लगातार पदार्थों का उत्पादन करते रहते हैं और आपस में उन का विनिमय करते रहते हैं।

इकोसिस्टम के इन जीवीय और अजीवीय घटकों द्वारा ऊर्जा और आवश्यक पदार्थों का निवेश, स्थानान्तरण, संग्रह, और उत्पादन होता है। इन सभी क्रियाओं के लिए ऊर्जा की आवश्यकता होती है। जीवीय तथा अजीवीय घटकों के बीच होने वाली जटिल पारस्परिक क्रियाओं के फलस्वरूप होने वाले परिवर्तनों के अनुसार इकोसिस्टम स्वयं को व्यवस्थित करके स्थिर हो जाता है।

इकोसिस्टम के घटक और कार्य (*Structure and Function of an Ecosystem*)

सरंचनात्मक रूप से किसी भी इकोसिस्टम के दो घटक होते हैं जो कि निम्नवत हैं:

1. जीवीय घटक (*Biotic Component*)
2. अजीवीय घटक(*Abiotic Component*)

1. जीवीय घटकः

जीवीय घटक में (क) उत्पादक, (ख) उपभोक्ता तथा (ग) अपघटक होते हैं।

(क) उत्पादक (*Producers*)

विभिन्न प्रकार के इकोसिस्टम में रहने वाली वनस्पतियां (सूक्ष्म से लेकर बड़े पेड़—पौधों तक) एवं प्रकाश—संश्लेषी बैक्टीरिया आदि उत्पादक हैं। ये सभी सूर्य से प्राप्त होने वाली सौर ऊर्जा को रसायनिक क्रियाओं के द्वारा रसायनिक ऊर्जा में परिवर्तित करते हैं। प्रकाश संश्लेषण क्रिया द्वारा वातावरण में मौजूद कार्बनडाईक्साइड, जल एवं विभिन्न अकार्बनिक तत्वों के संयोग से ग्लूकोज का निर्माण करते हैं। इसी ग्लूकोज से बाद में कार्बोहाइड्रेट्स, प्रोटीन्स, लिपिड तथा अमीनो अम्ल आदि जटिल पोषक कार्बनिक पदार्थ बनते हैं। इसलिए इन्हें स्वपोषित उत्पादक भी कहा जाता है।

(ख) उपभोक्ता (*Consumers*)

किसी भी इकोसिस्टम में उत्पादकों के अतिरिक्त मौजूद अन्य सभी प्रकार के जीव–जन्तु उपभोक्ता कहलाते हैं जो परिपोषित(*heterotrophic*) होते हैं। ये सभी वनस्पतियों पर आश्रित होते हैं। इन जन्तुओं को स्थूल उपभोक्ता (*macro consumers*) एवं भक्षपोषी(*phagotrophs*) भी कहते हैं। उपभोक्ताओं को मुख्यतः चार वर्गों में वर्गीकृत किया जा सकता है:

1. प्राथमिक उपभोक्ता (*Primary Consumers*)
2. द्वितीयक उपभोक्ता(*Secondary Consumers*)
3. तृतीयक उपभोक्ता(*Tertiary Consumers*)
4. चतुष्क उपभोक्ता(*Quaternary Consumers*)

1. प्राथमिक उपभोक्ता (Primary Consumers)

वनस्पतियों का भक्षण करने वाले सभी जन्तु शाकाहारी प्राणी होते हैं और ये इकोसिस्टम के प्राथमिक उपभोक्ता कहलाते हैं। स्थलीय तंत्र के अनेक प्रकार के कीट–पतंगे, चूहा, गिलहरी, खरगोश, हिरन, बकरी, भेड़, गाय, भैंस तथा अनेक प्रकार के पक्षी तथा जलीय तंत्र के क्रस्टेशियन एवं घोंघे आदि प्राथमिक उपभोक्ता की श्रेणी में आते हैं।

2. द्वितीय उपभोक्ता (*SecondaryConsumers*)

ये प्राथमिक उपभोक्ता या शाकाहारी प्राणियों का भक्षण करने वाले प्राथमिक मांसभक्षी प्राणी होते हैं। जैसे सांप, गीदड़, लोमड़ी, बिल्ली, उल्लू आदि।

3. तृतीयक उपभोक्ता (*Tertiary Consumers*)

ये प्राथमिक उपभोक्ताओं एवं द्वितीयक उपभोक्ताओं, दोनों का भक्षण करने वाले मांसभक्षी प्राणी होते हैं, जैसे भेड़िया, एवं मगरमच्छ आदि।

4. चतुष्क उपभोक्ता (*Quaternary Consumers*)

ये सबसे बड़े मांसभक्षी प्राणी होते हैं और तृतीयक उपभोक्ताओं का भक्षण करने के साथ–साथ प्राथमिक उपभोक्ता वर्ग के अपेक्षाकृत बड़े आकार के उपभोक्ताओं (यथा, हिरन, गाय, भैंस, जिराफ आदि) का भक्षण करते हैं। ये उपभोक्ता वर्ग में सबसे ऊपर होते हैं और अन्य किसी प्राणी द्वारा इनका भक्षण (शिकार) नहीं किया जाता है, जैसे मनुष्य, शेर, बाघ एवं चीता।

ग) अपघटक (*Decomposers*)

ये इकोसिस्टम के सूक्ष्म जीव होते हैं जैसे मृतजीवी कवक, मोल्ड एवं बैक्टीरिया। ये मृत हुई वनस्पतियों (प्राथमिक उत्पादकों) या जन्तुओं (द्वितीयक, तृतीय एवं चतुष्क उपभोक्ताओं) को अपघटित करके उनके शरीर के जटिल कार्बनिक पदार्थों को सरल कार्बनिक

एवं अकार्बनिक तत्त्वों में परिवर्तित कर देते हैं। ये सरल तत्व पुनः उत्पादकों द्वारा अपने उपभोग में ले लिए जाते हैं। इन अपघटकों को "सूक्ष्मउपभोक्ता"(*Microconsumers*)या मृतपोषित(*Saprotrophs*) या ओस्मोट्राफ्स(*Osmotrophs*) के नामों से भी जाना जाता है।

1. अजीवीय घटक (*Abiotic Components*)

अजीवीय शब्द का सीधा अर्थ जीवनरहित होता है लेकिन इकोसिस्टम में मौजूद सभी प्रकार के जीवों–जन्तुओं की संरचना, वितरण, व्यवहार और उनके परस्पर सम्बन्धों पर अजीवीय घटकों का बहुत गहरा–प्रभाव होता है। ये तीन प्रकार के होते हैं :

(*i*) अकार्बनिक पदार्थ(*Inorganic substances*)

(*ii*) कार्बनिक पदार्थ(*Organic substances*)

(*iii*) जलवायवीय कारक(*Climatic factors*)

(*i*) अकार्बनिक पदार्थ (*Inorganic substances*)

इनके अन्तर्गत कार्बनडाईक्साइड, नाइट्रोजन, कैल्सियम, फास्फोरस, पोटाश, फास्फेट, मृदा, अनेक खनिज पदार्थ, तथा सूक्ष्मपोषक तत्व आते हैं जो पोषण चक्र में उपयोगी होते हैं।

(*ii*) कार्बनिक पदार्थ (*Organic Substances*)

इसके अन्तर्गत कार्बोहाइड्रेट, प्रोटीन, वसा, अमीनो अम्ल आदि जटिल संरचनायुक्त पदार्थ आते हैं। पौधों में पाया जाने वाला क्लोरोफिल भी इसी वर्ग में आता है।

(*iii*) जलवायवीय कारक (*Climatic factors*)

इसके अन्तर्गत वर्षा, तापक्रम, वायु , आर्द्रता, जल, सौर विकिरण तथा अन्य भौतिक परिस्थितियाँ आती हैं। किसी भी इकोसिस्टम को ऊर्जावान एवं जीवंत बनाए रखने के लिए ये सभी कारक अति आवश्यक होते हैं।

इकोसिस्टम के कार्य (*Functions of Ecosystem*)

किसी भी इकोसिस्टम के निम्नलिखित तीन मुख्य कार्य होते हैं:

(क) प्रकृति में जैविक ऊर्जा के प्रवाह को बनाये रखना।

(ख) अकार्बनिक पदार्थों तथा पोषक तत्वों की उपलब्धता चक्र को बनाये रखना।

(ग) जैविक एवं पारिस्थितिकी तंत्र का नियमन करना अर्थात् पर्यावरण के द्वारा जीवों का तथा जीवों के द्वारा पर्यावरण का नियमन करते रहना।

पारिस्थितिक अनुक्रम (*Ecological Succession*)

कोई भी समुदाय किसी विशेष जाति के जीवों की एक जीवित इकाई होती है, और इस कारण वो प्रकृति के नियमों, यथा, जन्म, वृद्धि और मृत्यु, से बंधी होती है। ये समुदाय गतिक तंत्र होते हैं जिसके कारण वे लगातार अपने आस–पास के तंत्रों से पारस्परिक क्रिया करते रहते हैं। इन पारस्परिक क्रियाओं के कारण होने वाले सभी श्रेणीबद्ध परिवर्तनों के फलस्वरूप जब तक कोई समुदाय परिपूर्ण नहीं हो जाता है, को ही पारिस्थितिक अनुक्रम कहते हैं। इसे किसी भी प्रकार के जीवों, चाहे वो जन्तु हो या वनस्पतियां, में देखा जा सकता है।

परिभाषाः किसी स्थान या प्रदेश विशेष में समय के एक निश्चित काल खण्ड में विभिन्न समुदायों के नियमित अनुक्रम को पारिस्थितिक अनुक्रम कहते हैं। या अनुक्रम वो विशेष प्रक्रिया है जिसके द्वारा विभिन्न वानस्पतिक समुदाय एक निश्चित कालखण्ड में किसी भूमि में अपना आधिपत्य स्थापित कर लेते हैं।

अनुक्रम का वर्गीकरण

इकोसिस्टम में समुदाय का विकास नवीन जातियों के शनैः–शनैः आगमन के साथ होता है। जैसे–जैसे वनस्पति अधिक सघन होती जाती है, प्रारम्भिक अनुक्रम के सरल समुदायों का स्थान जटिल समुदायों द्वारा ले लिया जाता है। वनस्पतियों की विभिन्न जातियों में आपस में तथा वातावरण के साथ अनुक्रिया के

फलस्वरूप मृदा, नमी, एवं ह्यूमस आदि का भी एक अविरत अनुक्रम स्थापित हो जाता है।

इस प्रकार आवास–स्थल की प्रकृति एवं उसमें मौजूद नमी के आधार पर पारिस्थितिक अनुक्रम को तीन वर्गों में बांटा जा सकता है–

(क) मरूक्रमक(*Xerosere*)

(ख) जलक्रमक(*Hydrosere*)

(ग) मध्यक्रमक(*Mesosere*)

(क) मरूक्रमक(*Xerosere*):

शुष्क परिस्थितियों में प्रारम्भ हुए अनुक्रम को मरूक्रमक या शुष्कतारम्भ(Xerareh) कहते हैं। इसमें क्रस्टोज लाइकन(*crustose lichen*)से अनुक्रम प्रारम्भ हो कर बड़े वृक्षों(*climax forest*) पर समाप्त होता है।

(ख) जलक्रमक(*Hydrosere*):

किसी तालाब, झील, दलदली भूमि या सरिता की वनस्पतियों में होने वाले श्रृंखलाबद्ध परिवर्तन को जलक्रमक या जलारम्भी(*Hydrarch*) कहते हैं। इसमें अनुक्रम निमग्नावस्था(*floating stage*) से प्रारम्भ होकर वनस्थली अवस्था(*woodland stage*) पर समाप्त होता है।

(ग) मध्यक्रमक (*Mesosere*) :

यह मरूक्रमक और जलक्रमक के बीच की अवस्था है जिसमें पर्याप्त मात्रा में नमी उपस्थित रहती है। जल–सम्बन्धी परिस्थितियां अधिक अनुकूल होने के कारण इसमें अनुक्रम श्रृंखला बहुत छोटी होती है।

जीवमण्डल और पारितंत्र (*Biosphere and Ecosystem*)

किसी भी पारितंत्र में रहने वाले समस्त जीवीय समुदाय अपने भौतिक पर्यावरण से इस प्रकार परस्पर क्रिया करते हैं कि विभिन्न पोषी विधियों से ऊर्जा का प्रवाह होता रहता है। पृथ्वी स्वयं में एक विशाल पारितंत्र है जिसके समस्त जीव पर्यावरण से परस्पर क्रिया करते रहते हैं। इस विस्तृत पारितंत्र को जिसमें समस्त जीव वास करते हैं जीवमण्डल कहते हैं। इस जीवमंडल में हो रही ऊर्जा के प्रवाह को पारितंत्र कहते हैं।

अध्याय—3

प्राकृतिक संसाधन
(Natural Resources)

प्रकृति मानव जगत को जो वस्तुएं और सेवाएं अविरल रूप से प्रदान करती रहती है, उन्हें ही प्राकृतिक संसाधन कहा जाता है। इन प्राकृतिक संसाधनों में जीवीय और अजीवीय, दोनों प्रकार के संसाधन सम्मिलित होते हैं। जीवीय संसाधनों(*living resources*)में वन, और वन्य जीव–जन्तु आते हैं जबकि अजीवीय(*non – living resources*) संसाधनों में जल, वायु और खनिज पदार्थ आते हैं। वायुमण्डल, स्थलमण्डल और जलमण्डल प्राकृतिक संसाधन हैं। ये जीवन के लिए अति आवश्यक होते हैं। ये सभी संसाधन प्रकृति में संचित पदार्थों(*reserve materials*) के रूप में उपस्थित रहते हैं। ये सभी संसाधन पृथ्वी पर मौजूद सभी जीव–जन्तुओं और विशेषकर मानव जाति के जीवित रहने के लिए अति आवश्यक होते हैं। प्राकृतिक संसाधन कई प्रकार के होते हैं। भूमि एवं खनिज जैसे संसाधन केवल एक राष्ट्र तक ही सीमित होते हैं किन्तु नदियां, झील एवं प्रवासी जीव–जन्तु एक से अधिक राष्ट्रों तक फैले हो

सकते हैं जबकि कुछ संसाधन जैसे वायु, समुद्र एवं खनिज तेल अन्तर्राष्ट्रीय महत्व के होते हैं।

प्राकृतिक संसाधनोंका वर्गीकरण(Classification Of Natural Resources)

प्राकृतिक संसाधनों की विविधता, उपलब्धता एवं उनकी प्रकृति के आधार पर उन्हें निम्नवत वर्गीकृत किया जा सकता है:

1. उनकी प्रकृति के आधार पर(*Depending upon their nature*): ये दो प्रकार के होते हैं–

(क) अकार्बनिक संसाधन– जैसे वायु, जल तथा खनिज पदार्थ।

(ख) कार्बनिक संसाधन– जैसे वनस्पतियां , जीव–जन्तु, सूक्ष्मजीव, खनिज ईंधन।

इन दोनों से अलग मृदा अकार्बनिक एवं कार्बनिक दोनों प्रकार की संसाधन हो सकती है।

2. उपलब्धता के आधार पर(*Depending upon their availblity*):उपलब्धता के आधार पर प्राकृतिक संसाधनों को दो वर्ग में वर्गीकृत किया जा सकता है–

(क) अक्षय प्राकृतिक संसाधन (*Inexhaustive Natural Resources*)

(ख) क्षयशील प्राकृतिक संसाधन(*Exhaustive Natural Resources*)

(क)अक्षय प्राकृतिक संसाधन (*Inexhaustive Natural Resources*)

प्रकृति में उपलब्ध वायु, सौर ऊर्जा, वर्षा जल तथा वन सम्पदा, एवं ज्वारीय ऊर्जा प्राकृतिक संसाधनों के अक्षय स्रोत हैं। मनुष्य द्वारा इनके लगातार उपभोग करने के बावजूद भी इनके समाप्त हो जाने की सम्भावना नहीं है।

(ख) क्षयशील प्राकृतिक संसाधन (*Exhaustive Natural Resources*)

ये वो प्राकृतिक संसाधन हैं जिनके लगातार उपभोग से इनके समाप्त हो जाने की सम्भावनाएं बनी रहती हैं। प्रकृति में इनकी बहुलता और उपलब्धता के आधार पर ये संसाधन दो प्रकार के होते है:

1. नवीकरणीय संसाधन(*Renewable Resources*)
2. अनवीकरणीय संसाधन(*Non − renewable Resources*)

1. नवीकरणीय संसाधन (*Renewable Resources*)

वायु, सौर ऊर्जा, वनसम्पदा, जैव सम्पदा, वर्षा जल आदि संसाधन इसके अन्तर्गत आते हैं। ये सभी संसाधन एक निश्चित

समय अवधि में अपने को नवीकृत करने की क्षमता रखते हैं और निरतंर नवीकृत होते भी रहते हैं। इन सभी संसाधनों में परस्पर सम्बन्ध भी होते हैं। दूसरे शब्दों में इन्हें असमाप्य(*inexhaustive*)संसाधन भी कहते हैं। ये सभी संसाधन दो प्रकार के होते है:

(अ) अपरिवर्त्य वर्ग(*Immutable type*):इस वर्ग में आने वाले संसाधनों पर मानवीगतिविधियों का कोई विशेष प्रभाव नहीं पड़ता है,जैसे वायु शक्ति, ज्वारीय शक्ति, वर्षाजल शक्ति, आण्विक शक्ति तथा वायु शक्ति

(ब) दुरूपयोगीय वर्ग(*Misusable type*):इस वर्ग में आने वाले संसाधनों पर मानवी गतिविधियों का दुष्प्रभाव पड़ने की पूरी संभावना रहती है। जैसे, वायु प्रदूषण, जल प्रदूषण, एवं मृदा प्रदूषण आदि।

2. अनवीकरणीय संसाधन (*Non − renewable Resources*)

वे सभी प्राकृतिक संसाधन जिनके अन्दर किसी भी स्तर पर अपने आप को नवीकृत कर सकने की क्षमता नहीं होती है, जैसे जीवाश्म ईंधन (कोयला, डीजल, पेट्रोल आदि तथा खनिज पदार्थ। अनवीकरणीय संसाधनों में आपस में भी कोई सम्बन्ध नहीं होता है। इसीलिए इस प्रकार के संसाधनों को 'समाप्य' या 'क्षयशील'(*exhaustive*) संसाधन भी कहा जाता है।

3. वन संसाधन (*Forest Resources*)

प्रकृति ने जीवन की उत्पत्ति के साथ, पृथ्वी पर जीव–जन्तुओं के जीवन–यापन एवं सतत वृद्धि के लिए वनस्पतियों का अक्षुण भंडार भी प्रदान किया और धीरे–धीरे जीव–जन्तुओं और मनुष्यों ने प्रकृति के साथ तारतम्य स्थापित करके अपने–अपने जीवन जीने के रास्ते तैयार किए। सभी जीव–जन्तुओं की जैविक आवश्यकताओं की पूर्ति का आधार उनकी स्थानीय परिस्थितियों और पर्यावरण एवं प्रकृति की आपसी आपूर्ति एवं सामंजस्य से जुड़ा है। वैश्विक स्तर पर पृथ्वी का लगभग 40 प्रतिशत भाग वनों से आच्छादित है जबकि भारत में कुल उपलब्ध भूमि का लगभग 1/10 (लगभग 20 प्रतिशत) क्षेत्रफल वनों से आच्छादित है। इस 20 प्रतिशत में से लगभग 12 प्रतिशत भाग घना वनक्षेत्र है और लगभग 8 प्रतिशत भाग विरल वनक्षेत्र है।

वन जीवीय एवं नवीकरणीय प्राकृतिक संसाधन हैं जिसमें वृक्ष,(*tree*),क्षुप (*shrub*), एवं काष्ठीय आरोही(*woody climber*) पौधे आते हैं। वन हमारे पर्यावरण और राष्ट्र की अर्थव्यवस्था के लिए अति आवश्यक होते हैं। भिन्न–भिन्न क्षेत्रों के वन अपनी वनस्पतियों एवं वृक्षों की किस्मों में अलग–अलग होते हैं।वन देश को ईंधन, इमारती लकड़ी, कागज, चारा, बांस, भोजन, औषधियां,

अनेकानेक प्रकार के वन–उत्पाद प्रदान करने के साथ–साथ पर्यावरण संरक्षण में महत्वपूर्ण भूमिका निभाते हैं।

पर्यावरण संरक्षण में वन निम्नवत रूप से अपनी भूमिका का निर्वाहन करते हैं:

(i) वायु प्रदूषण को दूर करके प्राणवायु ऑक्सीजन की आवश्यक मात्रा की उपलब्धता बनाये रखना।

(ii) भूमि अपरदन को रोकना।

(iii) मरूस्थल को बनने एवं बढ़ने से रोकना।

(iv) वनों में वृक्षों से भूमि पर गिरने वाली पत्तियों, फूलों, फलों एवं बीजों से ह्यूमस का निर्माण होना जिसके कारण मृदा में उर्वरता बनी रहती है।

(v) वर्षा जल को सीधे भूमि पर गिरने से रोकना और उनका वेग कम करना जिससे भूमि का कटाव

रूकता है। वर्षा जल भूमि में रिसकर जाने से जल बहकर व्यर्थ नहीं हो पाता है और भूमिगत जलस्तर बना रहता हैं।

(vi) जीव–जन्तुओं को भोजन एवं आश्रय प्रदान करके जैवविविधता का संरक्षण करते हैं।

(*vii*)उपरोक्त के साथ–साथ वन स्थानीय जलवायु का नियमन भी करते हैं।

खनिज संसाधन (*Mineral Resources*)

खनिज प्राकृतिक रूप से पाए जाने वाले अकार्बनिक एवं रवेदार ठोस(*solid crystalline*)पदार्थ होते हैं जो पृथ्वी के भीतर विभिन्न प्रकार के निक्षेपों के रूप में मिलते हैं। अनेकानेक प्रकार के इन खनिजों में से कुछ खनिज सूक्ष्म मात्रा में सभी जीव–जन्तुओं तथा वनस्पतियों की वृद्धि के लिए नितान्त आवश्यक होते हैं। ये खनिज वैश्विक स्तर पर मानव समाज की प्रगति के लिए भी अति आवश्यक होते हैं।

पृथ्वी में इन खनिजों का विकास, वितरण एवं मौजूदगी असमान होती है और यह बहुत कुछ भूगर्भीय परिस्थितियों पर निर्भर करता है। वैश्विक स्तर पर उद्योग, परिवहन, शोध, कृषि, चिकित्सा एवं सुरक्षा आदि कार्यों से जुड़े उद्योगों के लिए खनिजों की मांग यद्यपि लगातार बढ़ती जा रही है लेकिन खनिजों के भण्डार सीमित हैं और वे अनवीकरणीय भी होते हैं।

खनिजों का वर्गीकरण (*Classification of Minerals*)

वैश्विक स्तर पर मौजूद खनिजों को दो आधारों पर वर्गीकृत किया जा सकता है:

1. आवश्यकता के आधार पर वर्गीकरण

2. गुणों के आधार पर वर्गीकरण

1. **आवश्यकता के आधार पर वर्गीकरण**
(Classification based upon their requirement)

आवश्यकता के आधार पर ये खनिज दो प्रकार के होते हैं:

(क)   नाजुक खनिज*(critical minerals)*: इस वर्ग के खनिज किसी भी राष्ट्र की आर्थिक प्रगति के लिए नितान्त आवश्यक होते हैं।

(ख) सामरिक खनिज*(strategic minerals)*: इस वर्ग के खनिज किसी भी राष्ट्र के सुरक्षा उद्योगों के लिए अति आवश्यक होते हैं।

2. गुणों के आधार पर वर्गीकरण
(Classification based upon their properties)

इस वर्ग के खनिज अपने गुणों के आधार पर दो वर्ग के होते हैं–

(क) धात्विक खनिज *(Metallic minerals)*: जैसे अल्यूमिनियम, बेरीलियम, क्रोमियम, कोबाल्ट, सोना, चांदी, प्लेटिनम आदि।

(ख) अधात्विक खनिज *(Non – metallic minerals)* जैसे फेल्सपार, डोलोमाइट, अभ्रक, जिप्सम, चूनापत्थर, एस्बेस्टस, हीरा, पन्ना, नीलम आदि।

जल संसाधन (*Water Resources*)

'जल' है तो 'कल' है। वैश्विक स्तर पर जल संसाधनों के निरन्तर घटते जाने तथा विभिन्न कारणों से प्रदूषित होकर अप्रयोज्य हो जाने के कारण शुद्ध जल की उपलब्धता निरन्तर घटती जा रही हैजिसके कारण उक्त कथन इस शताब्दी का एक चेतावनीपूर्ण कटु सत्य होता जा रहा है। दूसरे शब्दों में इसे इस प्रकार समझा जा सकता है कि 'जल ही जीवन है' या जल जीवन का पर्यायवाची है।

जल, जलमण्डल(*Hydrosphere*)का प्रमुख घटक है और यह सागरों, महासागरों, नदियों–ग्लेशियर्स, सरिताओं, झीलों, एवं जलाशयों के रूप में पृथ्वी पर मौजूद है। वैश्विक रूप से धरती का लगभग 70 प्रतिशत भाग जल से आच्छादित है। पृथ्वी पर मौजूद समस्त जलराशि का लगभग 97 प्रतिशत भाग महासागरों में मौजूद है और 2 प्रतिशत भाग ग्लेशियर्स और हिमछत्रकों(*ice caps*) में मौजूद रहता है। धरा पर मौजूद 99 प्रतिशत जल अधिक लवणीय होने के कारण मनुष्य के उयोग के लायक नहीं होता है। इस प्रकार केवल एक प्रतिशत जल ही स्वच्छ जल के रूप में उपभोग हेतु नदियों–धाराओं, झीलों एवं जलाशयों में मौजूद है।धरा पर मौजूद सभी जीव–जन्तुओं एव वनस्पतियों के जीवन के लिए जल नितान्त आवश्यक है। जल के बगैर कोई भी जीवन सम्भव नहीं है। सभी जीवित प्राणियों की कोशिकाओं का लगभग 90 प्रतिशत भाग जल होता है। धरती पर जल भूमिगत जल (*ground water*) एवं स्थलीय जल (*surface water*) के रूप में उपस्थित रहता है।

जल संसाधन की उपयोगिता

जल संसाधनों का महत्व इसी तथ्य से पता चलता है कि आने वाले भविष्य में होने वाले युद्ध जल के लिए ही लड़े जाएंगें। मनुष्यों के साथ साथ पृथ्वी पर मौजूद अन्य सभी जीव–जन्तुओं तथा वनस्पतियों के जीवन की कोई भी दैहिक–दैविक क्रिया जल के बगैर सम्भव नहीं है। वैश्विक स्तर पर मानव समाज अनेकानेक विकासात्मक क्रियाएं भी जल के बगैर सम्भव नहीं हैं। जल संसाधनों के कुछ प्रमुख उपयोग निम्नवत हैं :

1. पीने के लिए
2. कृषि कार्यों में
3. समुद्री यातायात
4. उद्योगों में
5. आण्विक ऊर्जा का उत्पादन
6. बिजली का उत्पादन
7. जलीय जीवन के लिए
8. भूगर्भीय एवं भूताप नियमन
9. पर्यावरणीय संरक्षण
10. जैवविविधता का पोषण एवं संरक्षण

आर्द्रभूमि (*Wetland*)

आर्द्रभूमि ऐसा भूभाग होता है जहां के पारितंत्र का बड़ा भाग स्थाई रूप से या प्रतिवर्ष किसी मौसम विशेष में जल से

संतृप्त(saturate) रहे या उसमे डूबा रहे। ऐसे क्षेत्रों में जलीय पौधों का बाहुल्य रहता है। जैवविविधता की दृष्टि से आर्द्रभूमियां अत्यंत संवेदनशील होती हैं क्योंकि कुछ विशेष प्रकार की वनस्पतियां तथा जीव–जन्तु ही आर्द्रभूमि पर उगने, फूलने–फलने एवं जीवन यापन के लिए अनुकूलित होते हैं। आर्द्रभूमि एक विशिष्ट प्रकार का पारिस्थितिकीय तंत्र है और जैवविविधता का एक महत्वपूर्ण अंग है।

जलीय एवं स्थलीय जैवविविधताओं का मिलन स्थल होने के कारण इसमें वन्य प्राणियों की विभिन्न प्रजातियों एवं वनस्पतियों की प्रचुरता से आर्द्रभूमि समृद्ध पारिस्थितिकीय तंत्र होता है। आर्द्रभूमि जल को प्रदूषण मुक्त बनाती है। भारत में आर्द्रभूमि ठंडे और शुष्क क्षेत्रों से लेकर मध्य भारत के कटिबंधीय मानसूनी क्षेत्रों और दक्षिण के नमी वाले क्षेत्रों तक फैली हुई है। आर्द्रभूमियों को बायोलॉजिकल सुपर–मार्केट भी कहा जाता है क्योंकि ये विस्तृत भोज्य जाल (food-webs)का निर्माण करते हैं। 'कार्बन अवशोषण' एवं 'भूजल स्तर' में वृद्धि जैसी महत्वपूर्ण भूमिकाओं का निर्वहन कर आर्द्रभूमि पर्यावरण संरक्षण में अहम योगदान देते हैं।

खाद्य संसाधन (*Food Resources*)

भोजन किसी भी जीवीय प्राणी के जीवित रहने के लिए अति आवश्यक होता है। संतुलित एवं पोषक आहार शरीर की उचित वृद्धि एवं वकास के लिए प्राथमिक आवश्यकता है। प्रकृति में मौजूद सभी प्रकार के जीव–जन्तुओं, मनुष्यों, वनस्पतियों और यहां तक कि

सूक्ष्मजीवों को भी अपने-अपने प्रकार के खाद्य-पदार्थों की आवश्यकता मुख्यतः शरीर की जैविक क्रियाओं के सुचारुरूप से संचालन केलिए ऊर्जा प्राप्त करना होता है। मानव भोजन को किसी एक विशेष प्रकार के खाद्य समूह के खाद्य पदार्थों तक सीमित नहीं किया जा सकता है बल्कि उसे संतुलित मात्रा में विभिन्न प्रकार के भोज्य पदार्थों की आवश्यकता होती है। खाद्य पदार्थ मुख्यतः दो प्रकार के होते है:

1. शाकाहारी भोजन($Vegetarian\ Food$)
2. मांसाहारी भोजन($Non-Vegetarian\ Food$)

शाकाहारी भोजन पूर्णरूपेण विभिन्न प्रकार के वनस्पतिजन्य पदार्थों को कहते हैं जबकि मांसाहारी भोजन पूर्णरूपेण विभिन्न प्रकार के जीव-जन्तुओं के ऊपर आधारित होता है।भोजन करने की प्रकृति के आधार पर प्रकृति के सभी जीव-जन्तुओं को तीन वर्गों में वर्गीकृत किया जा सकता है:

1. शाकाहारी ($Vegetarian$)जीवः वे जीव जिनका भोजन पूर्णरूपेण वनस्पतियों पर आधारित होता है।
2. मांसाहारी($Non-vegetarian$) जीवः वे जीव जिनका भोजन पूर्णरूपेण दूसरे जीवों के मांस एवं उनके अण्डों आदि पर आधारित होता है।

3. सर्वाहारी (सर्वभक्षी)(*Omnivorous*)जीव: वे जीव जो अपने आहार के लिए वनस्पतियों एवं अन्य–जीव जन्तुओं को समान रूप से उपभोग करते है:

खाद्य पदार्थों के प्रमुख स्रोत निम्नवत है:

1. विभिन्न प्रकार की वनस्पतियां एवं व्यावसायिक फसलें
(*Different types of plants and commercial crops*)

इस वर्ग में व्यावसायिक रूप से उगायी जाने वाली विभिन्न प्रकार की कृषि फसलें, फल, मसाले एवं औषधीय वनस्पतियां तथा प्रकृति में अपने आप उगने वाली वनस्पतियां आती हैं। वन, चारागाह तथा जलीय वनस्पतियां भी इसी वर्ग में आती हैं। यद्यपि वनस्पतियां नवीकरणीय हैं। लेकिन वनों को अनियोजित रूप से अंधाधुंध काटने, वातावरणीय प्रदूषण, मृदा–अपरदन, ग्लोबल वार्मिंग, ग्रीन हाउस प्रभाव, झूम खेती तथा पशुओं द्वारा अत्याधिक चराई से अनेक वनस्पतियों के विलुप्त हो जाने का खतरा उत्पन्न हो गया है। इसी प्रकार कृषि फसलों में हाइब्रिड किस्मों के निरन्तर उपयोग से अनेक स्थानीय प्रजातियों के लुप्त हो जाने का खतरा उत्पन्न हो रहा है।

विभिन्न प्रकार के पशु–पक्षी आधारित खाद्य
(*Food based upon livestok and birds*)

खाद्य संसाधनों में पशु–पक्षियों, और विशेषकर वे पशु– पक्षी जिन्हें आहार सम्बन्धी विभिन्न आवश्यकताओं की पूर्ति के लिए

व्यावसायिक स्तर पर पाला जाता है, का भी उतना ही महत्व है, जितना वनस्पतियों एवं कृषि फसलों का। ये पशु–पक्षी दूध, अण्डा एवं मांस आदि के लिए उपयोगी होते हैं।

सूक्ष्मजीव आधारित खाद्य (*Food based on microbes*)

प्राकृतिक पारिस्थितिक तंत्र में विभिन्न प्रकार के खाद्य–पदार्थों को उपलब्ध कराने के लिए विभिन्न प्रकार के सूक्ष्मजीवों का भी विशेष महत्व है। ये सूक्ष्मजीव 90 प्रतिशत से अधिक कार्बनिक पदार्थों का अपघटन करके मानव को अनेकानेक प्रकार के खाद्य–पदार्थ, पेय पदार्थ तथा औषधियां आदि उपलब्ध कराते हैं।

ऊर्जा के संसाधन (*Energy Resources*)

ऊर्जा एक महत्वपूर्ण उपादान या कारक है जो किसी भी जीव–जंतु और वनस्पति के समेकित विकास के साथ–साथ किसी भी राष्ट्र के आर्थिक एक बहुमुखी विकास के लिए नितांत आवश्यक होता है। प्रकृति में मौजूद हर प्राणी और समाज के अलग– अलग वर्गों द्वारा अलग–अलग प्रकार की और अलग–अलग मात्राओं में ऊर्जा की आवश्यकता होती है।

प्रकृति में आदि मानव सभ्यता युग में आदि मानव को प्रतिदिन 2000–4000 किलो कैलोरी ऊर्जा की आवश्यकता होती थी क्योंकि वे अधिकांश भोजन को कच्चा ही खाते थे और उनकी कोई

सामाजिक गतिविधि नहीं होती थी। धीरे–धीरे भोजन पकाने एवं अन्य विविध कार्यों के सम्पादन के कारण ऊर्जा की खपत बढ़ती गई। धीरे–धीरे सभ्यता का विकास होता गया और तदनुरूप ऊर्जा की आवश्यकता भी बढ़ती गई। 19वीं शताब्दी में औद्योगिक क्रान्ति के फलस्वरूप, वैश्विक स्तर पर ऊर्जा की आवश्यकता बढ़कर लगभग 70,000 किलो कैलोरी हो गई। वैश्विक स्तर पर ऊर्जा की आवश्यकता दिन–प्रतिदिन बढ़ती जा रही है और ये ऊर्जा कृषि, उद्योग, चिकित्सा, परिवहन, संचार, शिक्षा, रक्षा तंत्र तथा दैनिक जीवन की विभिन्न आवश्यकताओं की पूर्ति के लिए आवश्यक जाहोती जा रही है।

ऊर्जा प्राप्ति के विभिन्न स्रोतो में लकड़ी, खनिज ईंधन (पेट्रोल, डीजल, कोयला आदि), प्राकृतिक गैस, सौर ऊर्जा, पवन ऊर्जा, परमाणु ऊर्जा, ज्वारीय ऊर्जा, जल ऊर्जा, तथा भूतापीय ऊर्जा आदि प्रमुख हैं।

ऊर्जा संसाधनों के प्रकार (*Types of Energy Resources*)

ऊर्जा संसाधनों की प्रकृति के आधार पर ये दो प्रकार के होते हैं:

1. अनवीकरणीय या क्षयशीलया पांरपरिक ऊर्जा संसाधन

   (*Non – renewable or Exhaustive or Conventional Energy Resources*)

2. नवीकरणीय या गैर पारंपरिक ऊर्जा संसाधन

   (*Renewable or Inexhaustive or Non Conventional Energy Resources*)

1—अनवीकरणीय या क्षयशील या पारंपरिक ऊर्जा संसाधन (*Non – Renwable or Exhaustive or Conventional Energy Resources*

इस वर्ग के अन्तर्गत वे ऊर्जा संसाधन आते हैं जिनके लगातार उपभोग से उनके समाप्त हो जाने की सम्भावना बनी रहती है। इन संसाधनों के अन्दर एक निश्चत समय–सीमा के भीतर अपने को नवीकृत कर सकने की क्षमता नही होती है। इस वर्ग के अन्तर्गत जीवाष्म ईंधन (पेट्रोल, डीजल) कोयला, विभिन्न खनिज पदार्थ, लकड़ी आदि आते हैं।

2—नवीकरणीय या गैर– पारंपरिक ऊर्जा संसाधन

(*Renewable or Inexhaustive or Non – Conventional Energy Resources*)

इस वर्ग के अन्तर्गत वे सभी संसाधन आते हैं जो एक निश्चित समय अवधि में अपने को नवीकृत करने की क्षमता रखते हैं और नवीकृत होते भी रहते हैं। इन संसाधनों के मध्य आपसी सम्बन्ध भी होते हैं और ये असमाप्य होते हैं। उदाहरणार्थ, वन सम्पदा, पादप एवं जंतु व्यर्थ उत्पाद, सौर ऊर्जा, वायु ऊर्जा, नदी एवं सागरीय ऊर्जा, भूगर्भीय ऊर्जा, वर्षा जल ऊर्जा तथा परमाणु ऊर्जा।

स्थलीय संसाधन (*Land Resources*)

पृथ्वी पर मौजूद सभी प्राकृतिक संसाधनों में संभवतः सबसे बहुमूल्य संसाधन भूमि है क्योंकि सौर ऊर्जा और वायु ऊर्जा को छोड़ कर अन्य सभी संसाधन पृथ्वी पर ही मिलते हैं। इसी संसाधन

के कारण प्रकृति पारिस्थितिकी तंत्र का अपना स्वरूप ग्रहण कर पाती है और मनुष्य, सभी प्रकार की वनस्पतियाँ तथा जीव– जंतु आवास एवं भोजन प्राप्त कर सकने में सक्षम हो पाते हैं। भूमि पृथ्वी की कुल सतह का 1/5 भाग या 29.22 प्रतिशत है।स्थलीय संसाधन पर मनुष्य अपने कल – कारखाने, सड़कें, रेल, बस्तियां तथा कृषि एवं वानिकी कार्य करता है। इसी स्थलीय संसाधन में मरूस्थल, हिमखण्ड, ध्रुवीय हिम, चट्टानें एवं पहाड़ आते हैं। स्थल की ऊपरी सतह को मृदा (Soil)कहते है।Soil शब्द लैटिन भाषा के 'Solum' से बना है जिसका अर्थ होता है पृथ्वी की ऊपरी सतह।स्थलीय वनस्पतियां अपने जीवन के लिए जल एवं खनिज तत्वों को मृदा से लेते हैं। मृदा का उच्चीकरण मृदा में मृत पौधों एवं मृत जन्तुओं के अपघटन से होता रहता है। मृदा का निर्माण चट्टानों, बड़े– बड़े पत्थरों के टूटने एंव आपस में रगड़ते रहने से होता है जिसमें अपघटित जैवीय पदार्थों के मिलते रहने से हयूमस का निर्माण होता है। इसी मृदा में वायु एवं जल के मिलने से मृदा का एक जटिल तंत्र तैयार होता है। मृदा– कणों के आकार एवं उसकी संरचना के आधाार पर मृदा निम्न प्रकार की होती है–

1.   रेतीली मिट्टी (Sandy Soil)–यह वनस्पतियों के लिए उपयुक्त नही होती है।

2.   चिकनी मिट्टी (Clay Soil)–यह मिट्टी भी वनस्पतियों को लिए उपयुक्त नही होती है।

3. दुमट मिट्टी (Loam Soil)– वनस्पतियों की वृद्धि के लिए यह मिट्टी सबसे उपयुक्त होती है।

4. अम्लीय एवं क्षारीय मिट्टी (Acidic and Alkaline Soil)–मृदा की अम्लीयता एवं क्षारीयता गुण का अलग –अलग वनस्पतियों एवं विभिन्न कृषि एवं बागानी फसलों पर अलग –अलग एवं व्यापक प्रभाव पड़ता है।

प्राकृतिक संसाधनों के सरंक्षण में मानव और मीडिया की भूमिका (Role of an individual and media in conservation of natural resources)

प्राकृतिक संसाधन किसी भी व्यक्ति ,समाज और राष्ट्र के समावेशी विकास और आर्थिक स्तर के निर्धारण में नितांत महत्वपूर्ण भूमिका निभाते हैं लेकिन किसी भी स्तर पर किसी के भी द्वारा इनका आवश्यकता से अधिक उपयोग एवं उपभोग या इन प्राकृतिक संसाधनों का अति – दोहन मनुष्य सहित सभी जीव– जंतुओं एंव वनस्पतियों के जीवन में दीर्घ अवधि में अनेक प्राकृतिक संकटों तथा अति खतरनाक परिणामों को जन्म देता है। प्राकृतिक संसाधनों के अनियोजित एवं लालचपूर्ण अति–दोहन के खतरनाक परिणामों से समाज और राष्ट्र को सुरक्षित रखने के लिए यह नितांत आवश्यक है कि एक इकाई के रूप में प्रत्येक व्यक्ति से लेकर जटिल इकाई के रूप में स्तर राष्ट्रीय पर प्रकृति प्रदत्त इन उपहारों की सुरक्षा, संरक्षा, एवं वृद्धि के लिए निरंतर सजग एवं प्रयत्नशील रहें।

प्राकृतिक संसाधनों के संरक्षण के इस महत्वपूर्ण उद्देश्य के लिए अहर्निश प्रयास तथा सुनियोजित कार्य सतत रूप से चलते रहना चाहिए। राष्ट्रीय हित के इस कार्य को सफल बनाने के लिए अनेकानेक राष्ट्रीय एवं स्वयंसेवी संगठनों का सहयोग लेने के साथ–साथ मीडिया को भी अवश्य भागीदार बनाना चाहिए। प्राकृतिक संसाधनों की सुरक्षा और संरक्षण के कार्यों को प्रत्येक स्तरों पर करने के साथ–साथ उनका प्रचार और प्रसार करना भी अति आवश्यक होता है। प्रचार और प्रसार के होने से समाज और राष्ट्र के सभी नागरिक इस प्रकार के महत्वपूर्ण कार्यों को करने या उनसे जुड़ने के लिए प्रेरित होकर आगे आते हैं और अपनी सार्थक भूमिका निभाते हैं। प्रचार और प्रसार के कार्यों को जन–जन तक पहुंचाने में तथा उन्हे प्रेरित करने में मीडिया, चाहे वो प्रिन्ट मीडिया हो या डिजिटल मीडिया, सबसे सशक्त भूमिका निभाती हैं।

प्राकृतिक संसाधनों के संरक्षण के महत्वपूर्ण कार्यो का निस्पादन चाहे व्यक्तिगत स्तर पर किसी व्यक्ति द्वारा किया जाए या फिर राष्ट्रीय स्तर पर सामूहिक रूप से किया जाए, उसके लिए कुछ आधारभूत क्षेत्र निम्नवत हो सकते हैं–

1. वन सम्पदा का संरक्षण (Conservation of forest resources)

2. खाद्य संसाधनों का संरक्षण (Conservation of food resources)

3. ऊर्जा संसाधनों का संरक्षण (Conservation of energy resources)

4. जल संसाधनों का संरक्षण (Conservation of water resources)

5. स्थलीय संसाधनों का संरक्षण (Conservation of land resources)

अध्याय—4

आनुवंशिक जातियां एवं पारिस्थितिकी तंत्र जैव विविधता

(Genetic Species and Ecosystem Biodiversity)

प्रकृति में चारों ओर जीवीय विभिन्नता परिलक्षित होती है और यह हर क्षण परिवर्तनशील होती है। ये परिवर्तन सूक्ष्म स्तर से लेकर दीर्घस्तर तक सततरूप से होते रहते हैं। हमारी पृथ्वी सिर्फ सजातीय (homogenous)जीव—जंतुओं और वनस्पतियों का ही आश्रय स्थल नही है। यह असंख्य प्रकार के सूक्ष्म जीवों, जीव—जंतुओं और वनस्पतियों का आश्रय स्थल है जिसमें ये सभी जीव अपनी— अपनी जैविक क्रियायें करते हुए अपना जीवन व्यतीत करते रहते हैं तथा नयी—नयी प्रजातियों की उत्पत्ति का आधारभूत कारण भी बनते रहते हैं। इन्ही जीवीय क्रियाओं के फलस्वरूप पृथ्वी पर हमारे चारो और जैवविविधता की उत्पत्ति होती है और वो प्रकृति में विभिन्न स्वरूपों में विद्यमान रहती हैं।

प्रकृति में उपस्थित आनुवंशिक रूप से समान या असमान अंसख्य जीव—जंतुओं और वनस्पतियों की विविधता और परिवर्तनशीलता तथा उनके पारिस्थितिकी तंत्र की जटिलता को ही समवेत रूप में जैवविविधता' या 'जैविक विविधता (biological diversity)'कहते हैं। यह किसी क्षेत्र के समस्त सूक्ष्मजीवों,

वनस्पतियों तथा जीव–जंतुओं को प्रदर्शित करती है। जैवविविधता की सुरक्षा, उनका संरक्षण, उनकी सतता तथा उसके प्रबंधन को जैविक विभिन्नता का संरक्षण कहते हैं। इसके अन्तर्गत जीव–जंतुओं और वनस्पतियों को उनके मूल प्राकृतिक परिवेश में उनके मूल स्वरूप में संरक्षित करने की आवश्यकता होती है।

वैश्विक स्तर पर तेजी से बढ़ती हुई मानव जनसंख्या के लिए भोजन, औषधियां तथा अन्य प्राकृतिक संसाधनों की सतत उपलब्धता के लिए प्रकृति में उपस्थित विभिन्न वनस्पतियों एवं जीवन–जन्तुओं में आनुवंशिक विभिन्नताओं का होना नितांत आवश्यक है। आनुवंशिक स्तर पर विभिन्नता किसी भी जाति की विभिन्न प्रजातियों, किस्मों तथा वंश (genera)के जेनेटिक संरचना में मिलने वाली विभिन्नता है। इन सभी वनस्पतियों एवं जीव–जन्तुओं में अनेकानेक लक्षणों जैसे रूप, आकार, आकृति, पैदावार, कीटों एवं अन्य रोगों के प्रति रोग– प्रतिरोध क्षमता तथा प्रतिकूल पारिस्थितिक स्थितियों को सहन कर सकने जैसे गुणों में कुछ–न– कुछ अंतर अवश्य होता है। जिस जाति में अनेक प्रजातियां एवं उप – प्रजातियां होती हैं उस जाति की आनुवंशिक संरचना अधिक समृद्ध एवं विभिन्नता वाली होती है।

किसी भी परितंत्र (ecosystem)में मौजूद विभिन्न जातियों की संख्या को जातियों की विविधता(species diversity)कहते हैं। कृषि योग्य विभिन्न कृषि एवं औद्यानिक फसलों की तुलना में प्रकृति में मौजूद जंगली वनस्पतियों एवं जीवों के भीतर अधिक

रोग–प्रतिरोध क्षमतायुक्त जीन्स पाए जाते हैं। इसीलिए ये प्रकृति के 'जीन रिजर्व' या 'जीन बैंक' के रूप में कार्य करते हैं और समय–समय पर नई फसलों के विकास में आधार सामग्री के रूप में उपयोग में आते हैं।

सामान्यतः प्रकृति में मुक्त रूप में पायी जाने वाली सभी वनस्पतियां, जीव–जन्तु एवं सूक्ष्मजीवाणु ही वन्यजीवन (Wildlife)के अन्तर्गत आते हैं। ये सभी वन्य जीव अपनी जनसंख्या में संतुलन बनाए रखते हुए आहार श्रृंखलाओं तथा प्राकृतिक चक्रों को नियमित रखने में महत्वपूर्ण भूमिका निभाते हैं। इस प्रकार वन्यजीवन एक स्वतः नियमित तंत्र(self-regulatory system) के रूप में पर्यावरण का परिरक्षण करते रहते हैं।

जैवविविधता के प्रकार (Types of Biodiversity)

जैवविविधता को निम्नलिखित वर्गों में वर्गीकृत किया जा सकता है:

1. आनुवंशिक विविधता (Genetic Diversity)
2. जातिगत विविधता (Species Diversity)
3. पारितंत्र (पारिस्थितिक) विविधता (Ecosystem Diversity)

1. आनुवंशिक विविधता (Genetic diversity)

एक ही जाति के जीवों के जीन्स में पायी जाने वाली विभिन्नता और विविधता को आनुवंशिक विविधता कहते हैं। यह विभिन्नता और विविधता उस जीवन के क्रोमोसोम या एलील्स में स्थितहो सकती है। किसी भी जीव के पैतृक गुण–दोषों को वर्तमान

पीढ़ी से अगली पीढ़ी में ले जाने के लिए जीन्स एक वाहककके रूप में कार्य करते हैं। इस प्रकार जीन्स प्रत्येक जीवन के ब्लूप्रिन्टस होते हैं जिन्हें डीएनए (डीऑक्सीराइबोजन्यक्लिक अम्ल)कहते हैं। आनुवंशिक विविधता किसी भी जीव को अपने पर्यावरण के प्रति अनुकूलन में सहायक होती है। इस प्रकार आनुवंशिक विविधता जैवविविधिता के निर्माण में महत्वपूर्ण भूमिका अदा करती है।

2. जातिगत विविधता (Species Diversity)

किसी भी प्रदेश या क्षेत्र में पाई जाने वनस्पतियों तथा जीव–जन्तुओं की उपजातियों या किस्मों को जतिगत विविधिता कहते हैं। उस क्षेत्र या प्रदेश विशेष में जितनी अधिक संख्या में जातिया होंगी, जातिगत विविधता उतनी ही बड़ी होगी । प्रत्येक जाति अपने आप में एक ही होती है और वो प्रकृति में किसी विशेष उद्देश्य के लिए विकसित होती है।

3. पारितंत्र (पारिस्थितिक) विविधता (Ecosystem Diversity)

पारितंत्र विविधिता किसी भी जीवमंडल के भीतर निवास करने वाले विभिन्न प्रकार के जीवों के समुदायों, उनके आवासीय स्थितियों और पारिस्थितिक प्रक्रियाओं के बारे में बतलाती है। सामान्यतया पारितंत्र विविधता का अध्ययन वैश्विक स्तर पर पारितंत्र में हो रहे परिवर्तनों और संकटग्रस्त जातियों के संरक्षण विषयक कार्यों के लिए किया जाता है। विविधता के अध्ययन से किसी भी पारितंत्र में हो रहे ऊर्जा के प्रवाह के बारे में सटीक जानकारी प्राप्त

होती है। ऊर्जा के इस प्रवाह को मरूस्थल (desert),आर्द्र भूमि (wetland)और झील(lake)आदि के क्षेत्रों में वास कर रहे विभिन्न जीवों के आधार पर मापा जाता है। पृथ्वी पर पारितंत्र विविधता का विकास करोड़ों वर्ष पूर्व हुआ था।

भारत का जैवभौगोलिक वर्गीकरण (Biogeographical Classification of India)

किसी क्षेत्र विशेष में वनस्पतियों एंव जीव–जंतुओं की संख्या का कम होना या अधिक होना पूर्णतया अलग–अलग कारणों से होता है और यह उस क्षेत्र विशेष के पर्यावरण पर पूर्णरूप से निर्भर करता है। एक ही प्रकार की वनस्पतियां और एक ही प्रकार के जीव– जंतु एक जैसे जलवायु में ही पाए जाते हैं। इस प्रकार विभिन्न प्रकार की जलवायु वाले क्षेत्र विभिन्न प्रकार के 'जैवभौगोलिक प्रक्षेत्रों' (biogeographical distribution)का निर्माण करते हैं। भारतवर्ष में जलवायु मंडलों (Climate zones)में बहुत विविधता पायी जाती है और इन्हें दस भौगोलिक क्षेत्रों में वर्गीकृत किया गया है।

जैवविविधता की महत्ता (Importance of Biodiversity)

वैश्विक स्तर पर मानव के लिए जैवविविधता का अत्याधिक महत्व है। मनुष्य अपने जीवन की अधिकांश मूलभूत आवश्यकताओं के लिए प्रकृति में मौजूद अनेकानेक वनस्पतियों, जीव– जन्तुओं और उनके पारितंत्र पर ही निर्भर करता है। इसलिए यह अत्यंत

आवश्यक है कि हम प्रकृति में मौजूद जैवविविधता को किसी भी मूल्य पर उसके प्राकृतिक स्वरूप में और उसके प्राकृतिक आवास के साथ किसी भी परिस्थिति में और किसी भी मूल्य पर संरक्षित और सुरक्षित रखें और उसकी बेहतरी के लिए हर संभव प्रयास निरंतर करते रहें।

मानव जीवन की विभिन्न दैनिक आवश्यकताओं के आधार पर, जैवविविधता की महत्ता को निम्नवत वर्गीकृत किया जा सकता है–

1. उपभोग एंव उपयोगजन्य आवश्यकताएं

जैवविविधता का सबसे प्रमुख एवं आधारभूत महत्व दैनिक जीवन में शरीर के भरण–पोषण के लिए विभिन्न प्रकार के खाद्य–पदार्थों की पूर्ति होना है।मनुष्य अपने दैनिक आहार विषयक आवश्यकताओं की पूर्ति के लिए विभिन्न प्रकार की वनस्पतियों और जीव– जन्तुओं का उपभोग करता है। एक अनुमान के अनुसार मनुष्यों द्वारा लगभग 2,50,000 प्रकार की विभिन्न वनस्पतियों का उपभोग सीधे भोजन,औषधि, वस्त्र, फल, मसाले एवं सब्जियों आदि के लिए करता है। मनुष्य अपने भोजन के अलावा अनेकानेक वनस्पतियों का उपयोग अपने पालतू पशु– पक्षियों के लिए चारे के रूप में भी करता है। ग्रामीण एवं आदिवासी क्षेत्रों में अनेक वृक्षों का उपयोग ईंधन के रूप में किया जाता है।

2. औद्योगिक उपयोगजन्य आवश्यकताएं

वैश्विक स्तर पर अनेक औद्योगिक कार्यों एवं उत्पादनों के लिए अनेकानेक वनस्पतियों एवं जीव–जन्तुओं का उपयोग या तो सीधे तौर पर किया जाता है या फिर उनसे प्राप्त होने वाले विभिन्न उत्पादों का उपयोग किया जाता है।

3. सामाजिक एवं आध्यात्मिक आवश्यकताएं

भोजन, वस्त्र एवं औषधि की मूलभूत आवश्यकता की पूर्ति होने के उपरांत मनुष्य की अनेक सामाजिकएवं आध्यात्मिक आवश्यकताएं जन्म लेती हैं। इसमें 'जियो और जीने दो' जैसा सामाजिक विचार अति महत्वपूर्ण है। यहमहत्वपूर्ण एवं सार्थक सोच अन्तत: जैवविविधता के संरक्षण के आधार को मजबूती प्रदान करती है। आध्यात्मिक आवश्यकताओं की पूर्ति के लिए तुलसी, पीपल, बरगद, कमल, केला और आम जैसे अनेक वृक्ष एवं अन्य अनेकानेक वनस्पतियां उपयोग में आती है। इन सभी आवश्यकताओं के अतिरिक्त भी जैवविविधता को अन्य बहुत सी सम्भावनाओं के लिए खोजना जाना शेष है।

वैश्विक, राष्ट्रीय एवं स्थानीय स्तरों पर जैवविविधता परिदृश्य

(Scenario of Biodiversity at Global, National and Local Levels)

जैवविविधता को यद्यपि पूर्व में परिभाषित एवं वर्गीकृत किया जा चुका है लेकिन जैवविविधता बहुत ही विस्तृत और विशाल क्षेत्र

है। वैश्विक स्तर पर विभिन्न वनस्पतियों एवं जीव–जन्तुओं का वितरण भिन्न–भिन्न स्थानों पर भिन्न–भिन्न होता है और इनके अध्ययन के लिए विभिन्न प्राकृतिक स्थितियों में अलग–अलग मापदण्ड हो सकते हैं। अध्ययन के ये मापदण्ड निम्नवत् हो सकते हैं:

1. अलग–अलग प्रकार की वनस्पतियों एवं जीव–जन्तुओं के आधार पर।
2. प्रत्येक जीवों की जातियों के आधार पर।
3. प्रत्येक जाति की अधिकता या कम संख्या के आधार पर।

1. वैश्विक जैवविविधता(*Global Biodiversity*)

वैश्विक जैवविविधता में वैश्विक स्तर पर जातिगत विभिन्नता एवं विविधता का समावेशी अध्ययन किया जाता है। इसमें भौगोलिक स्तर पर पायी जाने वाली विभिन्न जलवायु के क्षेत्रों में पूर्णतया विभिन्न प्रकार के जीव पाए जाते हैं। जैवविविधता वाले बायोम में विभिन्न भौगोलिक क्षेत्रों में बड़े–बड़े पारिस्थितिक इकाईयां पायी जाती हैं।

(*i*)उष्णकटिबन्धीय(Tropical)वर्षा वनों में वनस्पतियों, पक्षियों, जलस्थलचर(amphibians), जन्तुओं, कीड़े–मकोड़े तथा स्तनपायी जीव–जन्तुओं की प्रचुरता रहती है। विश्व की लगभग 80 प्रतिशत जैव–विविधता वर्षा वनों में ही पायी जाती है। वैश्विक स्तर पर औषधीय महत्व की अधिकांश वनस्पतियां इन्ही वनों में मिलती हैं।

उष्णकटिबंधीय वर्षावनों में पायी जाने वाली अधिकांश वनस्पतियों एवं जीव–जन्तुओं का विकास इन वनों की विशेष अनुकूल पर्यावरणीय परिस्थितियों में हुआ है। लेकिन वर्षावनों के इस विशेष पर्यावरणीय परिस्थितियों के विनाश के कारण अनेकानेक जातियां या तो लुप्त हो गई हैं या फिर लुप्त होने के कगार पर हैं।

(ii) शीतोष्ण वनों में उष्णकटिबंधीय वर्षा वनों की तुलना में बहुत कम मात्रा में जैवविविधता पायी जाती है। शीतोष्ण वनों में भौगोलिक विभिन्नताओं के कारण ही विभिन्न जातियों के जीवों की उपलब्धता एवं अधिकता तुलनात्मक रूप से बहुत कम होती है।

2. राष्ट्रीय जैवविविधता (*Natinal Biodiversity*)

किसी भी देश की जलवायु सम्बन्धी स्थितियों के आधार पर ही उस देश की विशिष्ट जैवविविधता का निर्माण होता है और इस विशिष्ट जैवविविधता को ही उस देश विशेष की राष्ट्रीय जैवविविधता कहा जाता है। जैविक जैवविविधता की दृष्टि से भारत की जैविक विविधता बहुत उत्कृष्ट श्रेणी की है। देश की विभिन्न भौगोलिक एवं जलवायु सम्बन्धी स्थितियों के कारण इसमें अत्याधिक विविध किस्म की वनस्पतियां एवं जीव–जन्तु हैं। भारत में लगभग 1,50,000 (एक लाख पचास हजार) प्रकार के विभिन्न जीव–जन्तुओं एवं वनस्पतियों की जातियां पाई जाती हैं। वनस्पतियों की समृद्धता के मामले में वैश्विक स्तर पर भारत 10वें नम्बर पर है, जबकि उच्च कशेरूकी जन्तुओं के मामले में 11वें नम्बर पर है। कृषि फसलों की समृद्धता

के मामले में भारत वैश्विक स्तर पर 6वें नम्बर पर है। भारत में स्तनधारी जीवों की 340 जातियां, पक्षियों की 1200 जातियां, सरीसृपों की 420 जातियां,एम्फीबियन्स की 140 जातियां तथा 200 जातियां मछलियों की पायी जाती हैं।

3. स्थानीय या क्षेत्रीय जैव विविधता (*Local or Regional Biodiversity*)

क्षेत्रीय या स्थानीय जैवविविधता से तात्पर्य किसी क्षेत्र विशेष में पायी जाने वाली जैवविविधता के अध्ययन से होता है। क्षेत्रीय जैवविविधता को चार वर्गों में वर्गीकृत किया जा सकता है–

(*i*) जातिगत समृद्धता या प्वांइट समृद्धता (*Species Richness or Point Richness*): इसके अन्तर्गत किसी निर्धारित पारितंत्र, भूदृश्य या क्षेत्र के किसी स्थान में पायी जाने वाली विभिन्न जीवीय जातियों की संख्या का अध्ययन किया जाता है।

(*ii*) अल्फा विविधता (*Alpha Diversity*): इसका सम्बन्ध किसी भी निर्धारित पारितंत्र या क्षेत्र में उपस्थित किसी भी वनस्पति या जीव–जन्तु के किसी सजातीय समूह की जातियों की संख्या निर्धारण से होता है।

(*iii*) बीटा विविधता (*Beta Diversity*): इसका सम्बन्ध पारितंत्रों में मौजूद विविधताओं के तुलनात्मक अध्ययन से होता है

और इसका मापन पारितंत्रों के बीच आपस में जातियों की अदला–बदली से होता है।

(vi) गामा विविधता (*Gamma Divesity*): इसका सम्बन्ध किसी क्षेत्र के भीतर स्थित विभिन्न पारितंत्रो की सम्पूर्ण विविधता के मापन से होता है।

अल्फा, बीटा एंव गामा विविधताके ये नामकरण व्हीट्टाकर(Whittaker)द्वारा वर्ष 1972 में जैवविविधता के मापन के लिए स्थानिक पैमाना(*spetial scales*)के रूप में दिया गया था।

वृहद–विविधता वाले राष्ट्र के रूप में भारत (*India as a mega – diversity nation*)

वैश्विक स्तर पर वृहदविविधता वाले बारह प्रमुख देशों में से भारत भी एक प्रमुख राष्ट्र है। विश्व के अन्य गयारह देशों की जैवविविधता के समतुल्य भारत भी आनुवंशिकी, जातियों तथा पारितंत्र जैवविविधता में बहुत समृद्ध है। वैश्विक स्तर पर पाए जाने वाले लगभग सभी प्रकार के जैवभौगोलिक क्षेत्रों का भारत में प्रतिनिधित्व होता है। यद्यपि सम्पूर्ण विश्व के कुल भू–भाग का लगभग 2.5 प्रतिशत भूभाग ही भारत में पाया जाता है परन्तु वैश्विक जैवविविधता में यह लगभग 8.20 प्रतिशत का योगदान देता है। विश्व की समग्र जैवविविधता की सूची में भारत का 10वां स्थान है। भारत की जैवविविधता की विशेषताओं के कुछ प्रमुख उदाहरण निम्नवत हैं–

1. वैश्विक जैवविविधता के लगभग हर क्षेत्र मे रैन्किंग पाना, उदाहरणार्थः

(क) स्तनपायी जातियां ————————— 10वीं रैंक

(ख) विशेषक्षेत्री कशेरूकी जातियां ————— 11वीं रैंक

(ग) कृषि फसलों की जातियां एवं पशुधन ~~07वीं रैंक~~

2. भारत में दो परिमण्डलों का होनाः

(क) पैलिआर्कटिक प्राणी क्षेत्र(*Palaearctic Realm*)

(ख)इण्डोमलायन प्राणीक्षेत्र(*Indomalayan Realm*)

3. भारत में तीन बायोम्स का होनाः

(क) उष्णकटिबंधीय आर्द्र वन(*Tropical Forest*)

(ख) उष्णकटिबंधीय शुष्क पर्णपाती वन

  (*Tropical dry Deciduous Forest*)

(ग) गर्म मरूस्थल / अर्धमरूस्थल (*Warm deserts/ semideserts*)

4. दस महत्वपूर्ण जैवभौगोलिक क्षेत्र भारत की समृद्ध जैवविविधता का निर्माण करते हैं जो निम्नवत हैं:

(*i*) ट्रांस हिमालयी (*ii*) हिमालयी (*iii*) भारतीय मरूस्थल (*iv*) अर्ध–शुष्क कटिबंध

(*v*) पश्चिमी घाट (*vi*) डेक्कन पेनिनसुला (*vii*) गंगा का मैदानी क्षेत्र

($viii$) दक्षिणी–पूर्वी भारत   (ix) द्वीप

(x) तटीय क्षेत्र

5. **दो हॉटस्पॉट क्षेत्र :**

(i) पश्चिमी घाटों का क्षेत्र

(ii) पूर्वी हिमालयी क्षेत्र

6. विभिन्न वनस्पतियों एवं जीव–जन्तुओं की जातियों के उद्गम का क्षेत्र भारत है।

7. भारत में वनस्पतियों की लगभग 47,000 जातियां एवं जीव–जन्तुओं की लगभग 81,000 जातियां पायी जाती है। वनस्पतियों की कुल जातियों में से लगभग 5000 जातियां विभिन्न पुष्पीय पौधों की हैं।

8. कृषि जैवविविधता के क्षेत्र में भी भारत बहुत समृद्ध है। भारत में विभिन्न कृषि योग्य फसलों की लगभग 167 जातियां हैं जबकि इनकी लगभग 320 वन्य जातियां भी उपलब्ध हैं।

9. भारत के 75,000 किमी लम्बाई के समुद्र तटीय रेखा में भारत की समुद्री जैवविविधता भी बहुत विस्तृत और समृद्ध है। भारत में जूप्लैंकटन्स की लगभग 16,000 जातियां और 340 से भी अधिक जातियां कोरल की पायी जाती हैं।

जैवविविधता पर आसन्न संकट
(*Threats to Biodiversity*)

किसी भी क्षेत्र विशेष, भूभाग या राष्ट्र की जैवविविधता पर आसन्न संकटों से मुख्य तात्पर्य है वहां की किसी जीवीय जाति का पूर्णतया विलोप हो जाना या उस जीव जाति विशेष का विभिन्न सामाजिक और पर्यावरणीय परिस्थितियों के कारण विलुप्तप्राय श्रेणी में आ जाना। प्रकृति में किसी भी जाति का पूर्णतया विलोप हो जाना या विलुप्त प्राय श्रेणी में आ जाना, एक प्राकृतिक प्रक्रिया है। इस प्रक्रिया में किसी जाति के समाप्त हो जाने पर कोई अन्य जाति उसका स्थान ले लेती है। तीव्र औद्योगिक विकास एवं तेजी से बढ़ती जनसंख्या दबाव के पूर्व किसी भी जाति के विलोप हो जाने की दर यद्यपि बहुत धीमी थीलेकिन वर्तमान परिवेश में यह प्रक्रिया बहुत तेज हो गई है।

जैवविविधता पर आसन्न संकटों और जातियों के विलोप होने के कारणों में से कुछ मुख्य कारण निम्नवत हैं:

1. मानव जनसंख्या विस्फोट
(*Human Population Explosion*)

वैश्विक स्तर पर मानव जनसंख्या में तीव्रगति से हो रहे विस्फोट के कारण मनुष्य की आवश्यकताएं बहुत बढ़ती जा रही हैं। जनसंख्या का यह विस्फोट एक अनियंत्रित विस्फोट सदृश्य है जो सब कुछ निगल लेना चाहता है। मनुष्य

निरन्तर तीव्र गति से वनों का विनाश करता जा रहा है। वनों का ये विनाश, कभी खेती के लिए, कभी रहने के लिए नई बस्तियां, गांव और शहर बनाने के लिए, कभी उद्योगों के लिए रेल मार्ग और हवाई अड्डे बनाने के लिए तो कभी नई सड़कें बनाने के लिए, वृहद रूप से सतत जारी है। वनों के समाप्त हो जाने से अनेकानेक जीव–जन्तुओं के प्राकृतिक आवास नष्ट हो जाते हैं जिसके परिणामस्वरूप वे या तो संकटग्रस्त श्रेणी में आ जाते हैं या फिर उनका विलोप हो जाता है।

2. प्रदूषण एवं पर्यावरणीय परिवर्तन का खतरा
(*Pollution and Environmental Change Risk*)

पर्यावरण में होने वाले भौतिक, जैविक या जैवरसायनिक परिवर्तन भी विलुप्त हो जाने या संकटग्रस्त श्रेणी में आने की स्थितियां उत्पन्न कर देते हैं। खेती, कल–कारखानों, चिकित्सा संस्थानों से निकलने वाले अपशिष्ट पदार्थों से बाह्य जल के प्राकृतिक स्रोत के साथ–साथ भूगर्भीय जल भी प्रदूषित हो जाता है जिसके कारण अनेक जीव–जन्तु या तो संकटग्रस्त हो जाते हैं या फिर वे विलुप्त हो जाते हैं।

3. विनाशकारी प्राकृतिक आपदाए
(*Natural Catastrophe*)

विभिन्न विनाशकारी प्राकृतिक आपदाओं जैसे वनों की भंयकर आग, भंयकर तूफान, बाढ़, भूस्खलन, भूकम्प आदि भी स्थानीय स्तर पर जीव—जन्तुओं के विलुप्त हो जाने या संकटग्रस्त श्रेणी में आ जाने के कुछ प्रमुख कारण होते हैं।

4. **आनुवंशिक जोखिम** (*Genetic Risk*)

किसी भी जीव—जन्तु के आनुवंशिक लक्षणों में किसी छोटे स्तर पर भी अचानक हुए अवांछित परिवर्तन, उत्परिवर्तन या आनुवंशिक विभिन्नता के कारण उनमें संकट ग्रस्त हो जाने या विलुप्त हो जाने का खतरा बना रहता है।

5. **मानवजनितक्रिया—कलाप**

(*Anthropogenic Activities*)

वैश्विक स्तर पर मानवजनित अनेक क्रिया—कलापों की एक लम्बी सूची है जो जैवविविधता पर विनाशकारी दुष्प्रभाव डालते हैंजिसमें कुछ महत्वपूर्ण निम्नवत हैं—

(*i*) आवासीय अवक्षय (*Habitat Loss*)

(*ii*) अवैधानिक रूप से वन्य प्राणियों का शिकार (*Poaching of Wildlife*)

(*iii*) मानव— वन्य जीव संघर्ष (*Man – Wildlife Conflicts*)

आवासीय अवक्षय (*Habitat Loss*)

वैश्विक स्तर पर मनुष्यों की अनियोजित एवं अनियंत्रित रूप से बढ़ती हुई जनसंख्या की उदरपूर्ति के लिए भोजन एवं अन्य आवश्यकताओं की पूर्ति की व्यवस्था के लिए किए जाने वाले अनेकानेक कार्यों के कारण वन्य प्राणियों एवं अन्य प्रकार के जीव–जन्तुओं के प्राकृतिक आवासों पर प्रतिकूल प्रभाव पड़ता है जिसके फलस्वरूप या तो उनका अवक्षय हो जाता है या फिर उनका ह्रास हो जाता है। दोनों ही परिस्थितियों में वन्य प्राणियों तथा अन्य जीव–जन्तुओं के विलोप हो जाने का खतरा बढ़ जाता है। आवासीय अवक्षय के प्रमुख कारण निम्नवत् हैं:

(*i*) कृषि एवं बागवानी सम्बन्धी गतिविधियां

(*ii*) खनन कार्य

(*iii*) मछली पालन एवं मछली पकड़ना

(*iv*) औद्योगिक क्रिया–कलाप

(*v*) वनाक्षेपण

(*vi*) आवागमन हेतु सड़कें, रेललाइनें एवं हवाई अड्डों का निर्माण

(*vii*) शैक्षणिक गतिविधियों के लिए संस्थानों का निर्माण

(*viii*) आवासीय स्थितियों में परिवर्तन एवं कमी

अवैधानिक रूप से वन्य प्राणियों का शिकार (*Poaching of Wildlife*)

एशियाई, अमेरिकी और अफ्रीकी क्षेत्रों के विकासशील देश जैवविविधता के समृद्ध देश माने जाते हैं। चीन, ताइवान, हांगकांग एवं जापान आदि देश वन्य जीवों या उनके उत्पादों के आयातक तथा निर्यातक देशों में जाने जाते हैं। प्रतिबंधित, संकटग्रस्त, विलुप्तप्राय या किसी भी प्रकार के वन्य प्राणियों को पकड़ना या उनका अवैधरूप से शिकार करना पोचिंग कहलाता है। वैश्विक स्तर पर मनुष्य द्वारा किए जा रहे पोचिंग का मुख्य कारण उसकी अवैध एवं अवैधानिक स्वार्थलिप्सा है। मनुष्य कभी वन्यप्राणियों को अपने मनोविनोद के लिए मारता है तो अधिकांशतः वो आर्थिक लाभ के लिए वन्य प्राणियों को मारता है। यद्यपि सभी वन्य प्राणियों और विशेष कर लुप्तप्राय और संकटग्रस्त वन्य प्राणियों को वैश्विक स्तर पर वैधानिक सुरक्षा प्राप्त है लेकिन इसके बावजूद भी, उनको शौकिया तौर पर पालने, उनका मांस खाने, उनके शारीरिक अंगो से दवाएं बनाने, उनके फरों तथा उनके चमड़ों आदि के लिए उनको पकड़ा जाता है या फिर उनका शिकार किया जाता है। पोचिंग वैश्विक स्तर पर बहुत से देशों की अर्थव्यवस्था का बड़ा स्रोत होता है।मनुष्य की जनसंख्या के निरन्तर बढ़ते जाने के कारण भोजन एवं सुरक्षा के लिए अनेक वन्यप्राणी मार दिए जाते हैं।

मानव–वन्यजीव संघर्ष (*Man – Wildlife Conflicts*)

वैश्विक स्तर पर मानव–जनसंख्या बढ़ने एवं उसकी सभ्यता के विकास के साथ–साथ उसकी आवश्यकताएं बढ़ती गई हैं। मनुष्यों ने अपनी अनेकानेक आवश्यकताओं की पूर्ति के लिए वनों का अधिकारिक विनाश किया है और ये प्रक्रिया कमोबेश अब भी लगातार जारी है। वनों को काटकर रहने, खेती करने तथा अनेकानेक औद्योगिक प्रतिष्ठान बनाने आदि कार्यों से वन्य प्राणियों के लिए प्राकृतिक आवास निरन्तर सिकुड़ते जा रहे हैं। वनों के सिकुड़ते जाने से वन्य प्राणियों की निजता भंग होती है, उनके भोजन प्राप्ति तथा चलने–फिरने का क्षेत्र सीमित हो जाता है। वन्य प्राणियों को पर्याप्त मात्रा में भोजन एवं जल की उपलब्धता कम हो जाने या घट जाने से वे रिहायशी क्षेत्रों और खेत–खलिहानों की ओर चल पड़ते हैं जो अन्ततोगत्वा वन्य प्राणियों और मनुष्यों के बीच संघर्ष का कारण बनता है। इस संघर्ष में मनुष्यों के जीवन, और उनकी फसलों तथा सम्पत्तियों को हानि पहुंचती है और कभी–कभी वन्य प्राणियों की भी मृत्यु हो जाती है।

वन्य जीवन की सुरक्षा राज्य सरकारों के अधीन होती है। अब देश में वन्य प्राणियों के संरक्षण के महत्व, जैवविविधता और प्राकृतिक संतुलन को बनाए रखने के महत्व को देखते हुए वन्य जीवों को उनके प्राकृतिक आवासों में फूलने–फलने के लिए अनेक राष्ट्रीय उद्यानों,शरणस्थलों, अभ्यारण्यों तथा बायोस्फीयर रिजर्व की स्थापना की जा चुकी है। इस सन्दर्भ में अनेक ऐसे कानूनों को भी

लागू किया गया है जिससे मनुष्यों एवं वन्यजीवों में संघर्ष की घटनाएं कम से कम हों।

भारत की विलुप्तप्राय तथा विशेषक्षेत्री जातियां
(*Endanzered and Endemic Species of India*)

जैवविविधता के लगातार कम होते जाने के कारण अनेकानेक प्रकार की जातियों के विलोप होते जाने का खतरा भी निरंतर बढ़ता जा रहा है। वैश्विक स्तर पर विलुप्तप्राय वन्य प्राणियों की जातियों का एक वैश्विक डाटा 'इन्टरनेशनल यूनियन फॉर कन्जरवेशन ऑफ नेचर एण्ड नेचुरल रिसोर्सेंज(IUCN)'द्वारा तैयार किया गया है और इसे' रेड डाटा बुक' (*Red Data Book*)नामक विश्वप्रसिद्ध पुस्तक में संकलित किया गया है। यह कार्य वर्ष 1963 में प्रारम्भ किया गया था। *IUCN*ने विलुप्तप्राय तथा विशेषक्षेत्री जातियों का वर्गीकरण किया है जो निम्न तथ्यों पर आधारित है–

(क) भूतकाल एवं वर्तमान परिवेश में उनका वितरण।

(ख) प्राकृतिक परिवर्तनों के साथ–साथ किसी प्राणी विशेष की संख्या में कमी।

(ग) प्राकृतिक आवासों की स्थिति।

(घ) किसी जाति विशेष का जैविक महत्व।

इन तथ्यों के आधार पर *IUCN* ने वन्य जीवों के संरक्षण के लिए उन्हें निम्नलिखित श्रेणियों में वर्गीकृत किया है–

1. **विलुप्तप्राय जातियां (*Endanzered Species*):**

वैश्विक स्तर पर ये जातियां अनेक संकटों से घिरी हुई हैं और इनका प्राकृतिक आवास भी काफी हद तक नष्ट हो चुका है। इनकी संख्या बहुत कम हो गई है और इनके विलुप्त हो जाने का खतरा बना हुआ है। उदारहणार्थ— भारतीय गैंडा(*Indian Rhino*), एशियाई शेर(*Asiatic Lion*), घड़ियाल (*Crocodile*), नीली व्हेल (*Blue Whale*), सारस (*Whooping Crane*), ग्रेट इंडियन बस्टर्ड(*Great Indian Bustard*)आदि।

2. **सुभेद्य जातियां (*Vulnerable Species*):**इसके अन्तर्गत वो जातियां आती हैं जिनकी संख्या पूर्व में काफी अधिक थी लेकिन उनका अत्याधिक शिकार किए जाने या उनके प्राकृतिक आवास में अत्याधिक कमी आ जाने से वे आसानी से संकटग्रस्त हो चुकी हैं और निकट भविष्य में उनके विलुप्त हो जाने की पूरी संभावना बनी रहती है। उदाहरणार्थ— एण्टीलोप और क्यूप्रेसस पौधा।

3. **दुर्लभ जातियां (*Rare Species*):** इसके अन्तर्गत वे जातियां आती हैं जो अभी न तो सुभेद्य श्रेणी में हैं और न ही विलुप्तप्राय श्रेणी में लेकिन आने वाले भविष्य में वो इन श्रेणियों में आ सकती हैं। उदाहरणार्थ— एशियाई जंगली गधा, जंगली भैंसा और हाथी।

4. **विलुप्त जातिया (*Extinct Species*):** जब कोई वन्य जाति लगातार पिछले पचास वर्षों से देखी नही जा सकी हो तो

उसे विलुप्त मान लिया जाता है जैसे, डोडो पक्षी और पत्रवाहक कबूतर।

5. **संकटमयी जातियां** (*Threatend Species*): इस प्रकार की वन्य जातियां कुछ क्षेत्रों में तो बहुलता से मिलती हैं जबकि कुछ अन्य क्षेत्रों में इनका बहुत अवक्षय हो चुका होता है। जैसे सींग वाला भारतीय गैंडा, तथा ग्रिजली भालू।

भारत की विशेषक्षेत्रीय जातियां (*Endemic Species of India*)

वनस्पतियों एवं जीव जन्तुओं की वो जातियां जो किसी एक विशेष क्षेत्र में पायी जाती है विशेषक्षेत्री जातियां कहलाती हैं। ऐसे जीव–जन्तु सिर्फ किसी एक क्षेत्र विशेष तक ही अपने को सीमित रखते हैं और उस क्षेत्र का पर्यावरण और जैवभौगोलिक परिस्थितियां भी इन वनस्पतियों और जीव–जन्तुओं के प्रति अपने को समर्पित रखने के लिए सजग रहती हैं। विशेषक्षेत्री जीव–जन्तुओं को अपने में समावेश रखने वाले विशेष क्षेत्र कोई महाद्वीप, प्रायद्वीप या कोई देश भी हो सकता है। इन विशेषक्षेत्री वनस्पतियों और जीव–जन्तुओं का किसी एक क्षेत्र विशेष का आवासी होने के कारण उनके भीतर अनेक विशिष्ट गुण और महत्व विद्यमान होते हैं।

भारत का विशेषक्षेत्री पारितंत्रीय गुण जैवविविधता के वैश्विक स्तर पर देश को एक समृद्ध जैवविविधता वाला देश बनाता है। देश के लगभग 47,000 वानस्पतिक जातियों में से 7,000 से भी अधिक वनस्पतिक जातियां विशेषक्षेत्री प्रकृति की हैं। भारत की

लगभग 62 प्रतिशत विशेषक्षेत्री वनस्पतियां मुख्यरूप से 'हिमालयी क्षेत्र', 'खासी पहाड़ियां' और 'वेस्टर्न घाट्स' के सीमित गति क्षेत्रों में प्रवास करती हैं। भारत की कुछ प्रमुख विशेषक्षेत्री वनस्पतियां एवं जीव–जन्तु निम्नवत् हैं:

वनस्पतियांः आर्किड्स, नेपेन्थिस, मैन्ग्रूव, स्वाम्पस, सिल्क काटन वृक्ष, सॉल, शंकुदार चीड़, रोडोडेन्ड्रान, बौने बांस, बर्च के जंगल, मॉस ग्रास एंव फर्न से आच्छादित ओक, मैग्नोलिया, लॉरेल, फर, जुनिपर आदि।

जीव–जन्तुः अनेक प्रकार के लिजार्ड्स, जालीदार त्वचा वाले अजगर, सांबर, स्वाम्प मृग, शूकर मृग, कस्तूरी मृग, बारकिंग मृग, जंगली कुत्ता, पारकुपिन, एक सींग वाला गैंडा, सुनहरा लंगूर, जंगली गधा, जंगली बकरी, बर्फ में रहने वाली लोमड़ी एवं तेंदुआ, मोनल पीजेंट, ग्रिफान गिद्ध, सुनहरा बाज, बर्फीले कौवे, हॉग बैजर, पैलिकिन, मछलीखोर उकान, स्टर्क आदि।

अध्याय—5

पर्यावरणीय प्रदूषण

(*Environmental Pollution*)

जब पर्यावरण में स्थित जल स्रोतों, वायु और जमीन में मानवजनित अपशिष्ट पदार्थों की मात्रा इतनी अधिक बढ़ जाती है कि प्राकृतिक रूप से उनका अपमार्जन संभव नही हो पाता है, तब पर्यावरणीय प्रदूषण की स्थिति उत्पन्न हो जाती है।

प्रदूषण को इन शब्दों में भी परिभाषित किया जा सकता है, "जब किसी पारितंत्र के किसी एक या एक से अधिक घटकों में प्रत्यक्ष या अप्रत्यक्ष रूप से अचानक ऐसे परिवर्तन हो जाते हैं जो उस पारितंत्र और उसमें वास करने वाले जीवों के लिए हानिप्रद साबित होने लगते हैं, उस स्थिति को प्रदूषण कहते हैं।" या

"जीव मंडल की प्राकृतिक, भौतिक, रसायनिक एवं जैव संरचना में होने वाले ऐसे सभी प्रकार के हानिकारक परिवर्तनों को, जिनके कारण पर्यावरण असंतुलित हो जाता है, प्रदूषण कहते हैं।"

प्रदूषकों का वर्गीकरण

प्रदूषकों की स्वाभाविक संरचना के आधार पर उन्हें मुख्यतः दो वर्गों में वर्गीकृत किया जा सकता है—

1. अनिम्नीकरणीय प्रदूषक (*Non – degradable Pollutants*)

2. जैव– निम्नीकरणीय प्रदूषक (*Bio – degradable Pollutants*)

1. अनिम्नीकरणीय प्रदूषक

इस प्रकार के प्रदूषकों में मुख्य रूप से धातुओं के क्लोराइड्स, ऑक्साइड, अल्यूमिनियम के उत्पाद, मरकरी, एवं कैडमियम के साल्ट, लम्बी रसायनिक श्रंखला वाले फिनोइल रसायन तथा अनेक पेस्टीसाइड्स आते हैं। ये प्रदूषक या तो अपघटित ही नही होते हैं या बहुत ही मंद गति से अपघिटत होते हैं। ये एक जैविक तंत्र से दूसरे तंत्र में लगातार पहुंचते रहते हैं।

2. जैव–निम्नीकरणीय प्रदूषक

इस प्रकार के प्रदूषकों में प्राकृतिक प्रक्रिया से आसानी से अपघटित हो जाने वाले घरेलू सीवेज, कूड़ा–करकट तथा अपशिष्ट पदार्थ आते हैं। लेकिन अपघटन की दर से अधिक मात्रा में प्रदूषकों के एकत्र हो जाने से इनका निस्तारण एक पर्यावरणीय समस्या का रूप ले लेती है।

वायु प्रदूषण (*Air Pollution*)

'विश्व स्वास्थय संगठन (*World Health Organisation*)' द्वारा वायु प्रदूषण को इस प्रकार परिभाषित किया गया है– "वायु के

भौतिक, रसायनिक या जैविक गुणों में ऐसा कोई भी अवांछित परिवर्तन जिसके द्वारा स्वयं मनुष्य के जीवन या अन्य जीवों, जीवन परिस्थितियों तथा हमारी सांस्कृतिक सम्पत्ति को हानि पहुंचे या हमारी प्राकृतिक सम्पदा नष्ट हो, वायु प्रदूषण कहलाता है।"

वायु प्रदूषण के स्रोत एवं कारण

वायु प्रदूषण के असंख्य स्रोत हैं और यही असंख्य स्रोत ही वायु प्रदूषण का कारण भी बनते हैं। इन स्रोतों और कारणों में से प्रमुख निम्नवत हैं:

1. विभिन्न प्रकार के ईंधनों का दहन, जैसे लकड़ी, कोयला, पेट्रोलियम उत्पाद एवं डीजल का दहन इनके कारण कार्बनडाईक्साइड, कार्बनमोनोक्साइड, सल्फरडाईक्साइड, नाइट्रस ऑक्साइड एवं नाइट्रोजन ऑक्साइड आदि का उत्सर्जन।

2. वाहनों के द्वारा तथा अनेक प्रकार की मशीनों, जेनरेटर्स आदि के द्वारा, तथा बिजली उत्पादन संयत्रों से उत्पन्न होने वाले प्रदूषण। इनके कारण अदग्ध हाइड्रोकार्बन, सीसा तथा अनेक प्रकार के सस्पेन्डेड पार्टीकुलेट मैटर्स सीधे वायु प्रदूषण का कारण बनते हैं।

3. अनेक प्रकार के औद्योगिक कल कारखानों से निकलने वाले धुएं में सीसा, ग्रिट, अनेक भारी धातुओं के कण वायु में निरंतर उत्सर्जित होते रहते हैं।

4. विभिन्न प्रकार की खदानों एवं पहाड़ों में हो रहे भूस्खलन से विभिन्न प्रकार के धूल कणों का निरंतर वायु में उत्सर्जन, तथा जंगलों में लगने वाली आग आदि।

5. इलेक्ट्रानिक उपकरणों से निकलने वाले क्लोरोफ्लोरोकार्बन्स एवं एरोसोल, वाष्पशील हाइड्रोकार्बन्स आदि

6. कृषि एवं औद्योगिक कार्यों में उपयोग किए जाने विभिन्न प्रकार के फफूंदीनाशक एवं रसायानिक उवरकों के उपयोग से अनेक विषैले रसायन वातावरण में पहुंचते रहते हैं। फसल अवशेषों के जलाने एवं अन्य कृषि कार्यों से भी वायु प्रदूषण होता रहता है।

वायु प्रदूषण नियंत्रण के उपाय

वायु प्रदूषण के प्रभावी नियंत्रण के कुछ सामान्य उपाय निम्नवत हैं:

1. वनों की कटान रोकना एवं अधिकाधिक पौध रोपण करना।
2. धुआं रहित ईंधन के उपयोग को बढ़ावा देना।
3. सौर उर्जा, एवं पवन उर्जा के उपयोग को बढ़ावा देना।
4. इलेक्ट्रिक एवं बैटरी चालित तथा सीएनजी चालित वाहनों के उपयोग को बढ़ावा देना।
5. औद्योगिक चिमनियों से निकलने वाले धुएं को हानिप्रद बनाने के लिए शोधन संयत्रों के उपयोग को बढ़ावा देना।

6. शहरों में जाम लगने की स्थिति में वाहनों के इंजनों को बन्द करने की प्रवृति को बढ़ावा देना।

जल प्रदूषण (*Water Pollution*)

वैश्विक स्तर पर बढ़ती हुई मानव जनसंख्या, औद्योगीकरण, शहरीकरण, युद्धोन्माद, चिकित्सा संस्थान, बढ़ती हुई कृषि एवं औद्यानिक गतिविधियां तथा जीवन जीने का उच्च स्तर तथा शहरों में बढ़ती हुई स्लम बस्तियां निरंतर जल प्रदूषण के प्रभावी कारण बनते जा रहे हैं। इन सभी कारणों से नदी, झीलों, सागरों एवं भूमिगत जल निरंतर प्रदूषित होते जा रहे हैं। जल प्रदूषण के प्रमुख कारण निम्नवत हो सकते हैं–

(अ) नदी, झीलों एवं सागरों का प्रदूषण

नदियों, झीलों और सागरों के प्रदूषण के मुख्य कारण निम्नवत हैं:

1. घरेलू अपमार्जक

घरों में बर्तनों, वस्त्रों की धुलाई तथा भवनों की सफाई आदि के लिए उपयोग किए जाने वाले अपमार्जक रसायन नालियों के माध्यम से नदियों, तालाबों एवं सागरों में पहुंच कर उनके जल को प्रदूषित कर देते हैं।

2. सीवेज मल एवं कूड़ा–करकट

निरंतर बढ़ती जनसंख्या के कारण सीवेज मल युक्त जल तथा घरों से निकलने वाला कूड़ा–करकट भी सीधे जल स्रोतों को प्रदूषित करते हैं।

3. औद्योगिक अपशिष्ट पदार्थ एवं चिकित्सा संस्थानों के अपशिष्ट पदार्थ

कागज, चीनी, चर्मशोधक कारखानों, तथा अनेकानेक प्रकार के अन्य औद्योगिक कारखानों से निकलने वाले अपशिष्ट पदार्थ तथा तेल शोधक कारखानों से निकलने वाले तैलीय अपशिष्ट पदार्थ सीधे जल में छोड़ दिए जाते हैं।

4. कीटनाशी एवं अन्य कृषि रसायन

शहरों में हानिकारक कीड़े–मकोड़ों, मच्छरों तथा मक्खियों को मारने के लिए विभिन्न प्रकार के कीटनाशियों के छिड़काव तथा कृषि कार्यों एवं सरकारी स्तर पर अनाजों के भण्डारगृहों में होने वाला कीटनाशकों का छिड़काव अन्ततोगत्वा जल के विभिन्न स्रोतों में पहुंचकर उन्हे प्रदूषित करता है।

5. तापीय एवं आण्विक बिजली घर इस प्रकार के बिजलीघरों से निकलने वाला जल अनेक प्रकार की अशुद्धियों से युक्त होता है और गर्म होता है जो जल स्रोतों के प्रदूषण का कारण बनता है।

6. खनिज तेलों का रिसाव

समुद्रों में बड़े–बड़े जहाज खनिज तेलों यथा पेट्रोल,डीजल एवं अन्य क्रूड तेलों को लेकर चलते रहते हैं जिनके रिसाव से समुद्री जल निरंतर प्रदूषित होता रहता है।

(ब) भूमिगत जल का प्रदूषण

खण्ड 'अ' के वर्णित सभी प्रकार के प्रदूषक प्राथमिक स्तर पर नदी, झीलों, और तालाबों के जल को प्रदूषित करते हैं। फिर ये प्रदूषण धीरे–धीरे रिसते हुए भूगर्भीय जल में पहुंच कर उसे भी प्रदूषित करते रहते हैं।

जल प्रदूषण नियंत्रण के उपाय

जल प्रदूषण के नियंत्रण के लिए प्रभावी कदम निम्नवत हो सकते हैं–

(क) जनसंख्या नियंत्रण आवश्यक है।

(ख) दैनिक जीवन में अपमार्जकों, घरेलू रसायनों एवं कीटनाशकों का उपयोग कम से कम करना चाहिए।

(ग) औद्योगिक अपशिष्ट युक्त जल का ट्रीटमेंट करने के बाद ही उसे जलीय स्रोतों में छोड़ा जाना चाहिए।

(घ) सीवेज मल युक्त जल का ट्रीटमेंट आवश्यक रूप से किया जाना चाहिए।

(ङ) वृहद स्तर पर पौधरोपण किया जाना चाहिए।

(च) नदी, झीलों एवं तालाबों में ऐसी जलीय वनस्पतियां एवं मछलियों तथा कछुवों को रखना चाहिए जो अशुद्धियों की सफाई में सहायक होते हैं।

मृदा प्रदूषण (*Soil Pollution*)

मृदा जीवन के लिए अति आवश्यक है। मृदा में ही सभी प्रकार की प्राकृतिक वनस्पतियां उगती हैं जिससे प्राणवायु ऑक्सीजन का निर्माण होता है। मृदा में सभी प्रकार के जीवन के भरण–पोषण के लिए भोज्य–पदार्थों का उत्पादन होता है। मृदा का निर्माण इतनी धीमी गाति से होता है कि इसे 'अनवीकरणीय स्रोत' (*Non – renewable Resource*) कहा जाता है। ऐसे सभी पदार्थ जो मृदा की उर्वरता को कम करते हैं उसकी जीवनीय शक्ति को घटाते हैं, मृदा प्रदूषक (*Soil Pollulants*) कहलाते हैं।

मृदा प्रदूषण के स्रोत एवं कारण

मृदा प्रदूषण के महत्त्वपूर्ण स्रोत एवं कारण निम्नवत हैं–

1. औद्योगिक अपशिष्ट पदार्थ एवं विभिन्न प्रकार के रसायन।

2. कृषि एवं औद्योगिक कीटनाशक, फफूंदीनाशक, रसायनिक उर्वरक एवं विभिन्न प्रकार के अन्य कृषि रसायन।

3. दैनिक जीवन में उपयोग किए जा रहे विभिन्न ग्रेड्स के प्लास्टिक को मृदा में फेंका जाना तथा डम्प किया जाना। ये प्लास्टिक धीरे–धीरे विखण्डित होकर मृदा में इकट्ठा होते जाते हैं।

4. शहरों से निकलने वाले कूड़ा–करकट एवं अपशिष्ट पदार्थों को लैण्डफिल के रूप में इकट्ठा करना।

5. बिजलीघरों एवं विभिन्न चिकित्सा संस्थानों से निकलने वाले अपशिष्ट पदार्थों को बिना उपचार के मृदा में फेंक देना।

मृदा प्रदूषण का नियंत्रण

1. खुले स्थानों पर गोबर, सीवेज मल तथा अस्पतालों से निकलने वाले अपशिष्ट पदार्थों को न तो फेंकना चाहिए और न ही उनका भण्डारण करना चाहिए।

2. खेती और फसलों के अवशेष भागों तथा सूखी पत्तियों आदि को मृदा के ऊपर नही जलाया जाना चाहिए।

3. औद्योगिक कल–कारखानों से निकलने वाली धातुओं को पुनः चक्रीकरण करने के बाद ही अवशेष पदार्थों को मृदा में डालना चाहिए।

4. मृदा अपरदन को रोकने के लिए छोटे–बड़े, हर प्रकार के पौधों का रोपण अधिकाधिक संख्या में किया जाना चाहिए।

5. कृषि फसलों की सुरक्षा के लिए जैव–नियंत्रण विधियों के उपयोग को बढ़ावा देना चाहिए।

ध्वनि प्रदूषण (*Noise Pollution*)

ध्वनि प्रदूषण को दूसरे शब्दों में 'शोरजन्य प्रदूषण' भी कहते हैं। पृथ्वी पर रहने वाले सभी जीव– जन्तुओं में ध्वनि ऊर्जा की एक निश्चित तीव्रता को सुन और सहन कर सकने की प्राकृतिक क्षमता होती है। ध्वनि ऊर्जा की वह तीव्रता जिसे जीवधारी सहन नही कर सकते है, शोर की श्रेणी में आता है। अतः शोर एक अवांछित ध्वनि होती है। ध्वनि की तीव्रता को 'डेसीबेल' में नापा जाता है। मनुष्य शून्य डेसीबल से 25 डेसीबल तक की ध्वनि को सहजता से सुन सकता और स्वस्थ महसूस करता है। 25 डेसीबल से ऊपर की 80 डेसीबल तक की ध्वनि मनुष्य में बेचैनी और अस्वस्थता का कारण बनती है जबकि 130–140 डेसीबल की ध्वनि मनुष्य में पीड़ा, दर्द और उलझन उत्पन्न करने लगती है।

ध्वनि प्रदूषण के कारण

ध्वनि प्रदूषण के लिए पर्यावरण में होने वाली हर वो ध्वनि जो सहन की जा सकने वाली तीव्रता से अधिक होती है, ध्वनि प्रदूषण का कारण बनती है। ध्वनि प्रदूषण के लिए औद्योगिक कल–कारखाने, लाउडस्पीकर, डी.जे., यातायात के वाहन, इन वाहनों में बजाये जाने वाले हार्न, अनेकानेक प्रकार की मशीनें, वायुयान, रेलगाड़ी, टेलीविजन, रेडियो, ज्वालामुखी एवं अन्य युद्धक विस्फोट,

अनेक प्रकार के घरेलू इलेक्ट्रानिक उपकरण इत्यादि प्रमुख रूप से जिम्मेदार हैं।

ध्वनि प्रदूषण के कारण मनुष्यों के स्वास्थय पर विपरीत प्रभाव पड़ता है। निरंतर अत्याधिक शोर में रहने से आंशिक या स्थायी बहरापन उत्पन्न हो जाता है, सिरदर्द के साथ–साथ स्वभाव में उग्रता एवं चिड़चिड़ापन आ जाता है। पशु–पक्षियों में हिंसक प्रवृति बढ़ जाती है। मनुष्यों में मानसिक विक्षोभ एवं अवसाद उत्पन्न हो जाता है, हृदय पर प्रतिकूल प्रभाव पड़ता है तथा सामान्य नींद की प्रक्रिया बाधित हो जाती है। शरीर के भीतर स्रावित होने वाले आवश्यक हारमोन्स का उत्पादन असंतुलित हो जाता है।

ध्वनि प्रदूषण नियंत्रण के उपाय

1. यातायात वाहनों में तेज ध्वनि में बजने वाले हार्न प्रतिबंधित किए जाएं।

2. लाउडस्पीकर एवं डी.जे. पर पूर्ण रोक लगाई जाए।

3. औद्योगिक कल–कारखाने आबादी से दूर लगाए जांए

4. उद्योगों में पैदा होने वाले शोर को कम करने के लिए तकनीक की मदद ली जाए।

5. ध्वनि शोषक भवनों एवं सड़कों का निर्माण किया जाय

6. सड़को के किनारे, पार्को में एवं भवनों में के भीतर सधन पौधरोपण किए जाएं।

ऊष्मीय या तापीय प्रदूषण (*Thermal Pollution*)

प्रत्येक जीव–जंतु और वनस्पतियों के जीवन चक्र को प्राकृतिक रूप से तथा सुचारू रूप से चलते रहने के लिए एक निश्चित ताप या ऊष्मीय वातावरण की आवश्यकता होती है। इस निश्चित ताप से अधिक ऊष्मीय वातावरण होने पर जीव–जंतुओं सूक्ष्म जीवों, वनस्पतियों तथा जलीय जीवन पर व्यापक रूप से विपरीत प्रभाव पर होता है।

ऊष्मीय प्रदूषण के स्रोत एवं कारण

ऊष्मीय प्रदूषण, चाहे जल स्रोतों का हो, मृदा का हो या फिर वातावरण का हो, उसके कारण निम्नवत हो सकते हैं:

1. यातायात वाहनों की संख्या में अंधाधुंध बढ़ोत्तरी होने से इन वाहनों से निकलने वाले धुएं के कारण वातावरण के तापक्रम में वृद्धि हो जाती है।

2. वृक्षों एवं हरियाली के घटते जाने से तापीय प्रदूषण में वृद्धि।

3. अनेक औद्योगिक कल–कारखानों से निकलने वाले गर्म बहिःस्राव से नदियों, झीलों और तालाबों के जलीय तापक्रम में वृद्धि होना।

4. तापीय एवं न्यूक्लीय बिजली संयत्रों से निकलने वाला जल अत्याधिक गर्म होता है।

5. कल– कारखानों, चिकित्सा एवं अनेक शोध संस्थानों से निकलने वाले अनेक जैव रसायनों एवं अपशिष्ट पदार्थों युक्त जल की जैवरसायनिक अभिक्रियाओं के कारण जल–स्रोतों के तापक्रम में वृद्धि हो जाती है।

उष्मीय प्रदूषण का नियंत्रण

1. उष्मीय नियंत्रण के लिए बिजली उत्पादन संयत्रों से निकलने वाले उष्मीय जल को जल स्रोतों में छोड़ने से पूर्व ठंडा करना आवश्यक होता है।

2. सड़कों के किनारे, पार्कों, भवनों एवं खाली पड़ी भूमि में अधिक से अधिक पौधरोपण किया जाना चाहिए।

3. विस्फोटकों, लकड़ी एवं कोयले आदि को जलाने के लिए प्रतिबंध लगना चाहिए।

समुद्री प्रदूषण (Marine Pollution)

विश्व के सभी सागर और महासागर पृथ्वी के कुल क्षेत्रफल के 2/3 भाग से अधिक क्षेत्रफल पर फैले हुए हैं और सम्पूर्ण पृथ्वी के रसायनिक और जैविक संतुलन को बनाए रखने में महत्वपूर्ण भूमिका का निर्वहन करते हैं। इन सागरों– महासागरों द्वारा पर्यावरण की सुरक्षा और संरक्षा के लिए किए जाने वाले अंतहीन सहयोग एवं प्रयासों के बावजूद वैश्विक स्तर पर मानव समुदाय द्वारा उन्हे केवल वैश्विक कूड़ादान ही समझा जाता है। चूंकि मनुष्यों द्वारा नदियों,

झीलों एवं तालाबों में जो भी और जितने भी प्रकार के प्रदूषणकारी अपशिष्ट पदार्थ प्रवाहित किए जाते हैं, वे सभी नदियों के माध्यम से अन्ततोगत्वा इन सागरों– महासागरों में जाकर डम्प हो जाते हैं। एक अनुमान के अनुसार नदियों एवं समुद्र में चलने वाले बड़े–बड़े जलयानों के द्वारा प्रतिवर्ष करोड़ों–अरबों टन प्रदूषणकारी अपशिष्ट पदार्थ, तेल, प्लास्टिक अपशिष्ट एवं रेडियोधर्मी तत्व आदि इन सागरों–महासागरों में डम्प होते रहते हैं जो अन्ततोगत्वा समुद्री प्रदूषण को जन्म देता है। ये समुद्री प्रदूषण सागरों–महासागरों के जल के भौतिक रसायनिक और जैविक संतुलन की स्थितियों में परिवर्तन करते रहते हैं।

समुद्री प्रदूषण के स्रोत एवं कारण

समुद्री प्रदूषण के प्रमुख कारण और स्रोत निम्नवत हैं–

1. जलयानों से निकलने वाले प्रदूषणकारी अपशिष्ट पदार्थ एवं दिखने रिसने वाला तेल।

2. प्रदूषणकारी तत्वों के कारण समुद्री किनारों पर उगने वाले विभिन्न प्रकार के शैवाल।

3. पानी में घुले हुए भारी तत्व जेसे क्रोमियम, कैडमियम, पारा, लेड एवं निकिल आदि।

4. रेडियोएक्टिव पदार्थ।

5. बिजलीघरों से निकलने वाले उष्मीय अपशिष्ट पदार्थ

6. सीवेज मल, औद्योगिक अपशिष्ट तथा कृषि अपशिष्ट पदार्थ।

7. प्लास्टिक उत्पाद तथा मछली पकड़ने के लिए उपयोग में लाए गए जाल के व्यर्थ भाग ।

8. सागरों–महासागरों में की जा रही सैनिक गतिविधियां।

9. सागरों–महासागरों से गुजरने वाले तेल वाहक टैंकरों के कारण सबसे अधिक प्रदूषण तेल के रिसने और उसके गिरने के कारण होता है।

समुद्री प्रदूषण का नियंत्रण

समुद्री प्रदूषण के नियंत्रण के प्रभावी उपाय निम्नवत हो सकते हैं:

1. नदियों के द्वारा समुद्रों में आने वाले प्रदूषणकारी अपशिष्ट पदार्थों को नदियों के स्तर पर ही जल से अलग कर लिया जाए।

2. नदियों के जल में घुले भारी धातुओं के अपशिष्ट को रसायनिक एवं अन्य तकनीकी विधियों द्वारा जल से अलग कर लिया जाए।

3. प्लास्टिक से बने विभिन्न पदार्थों को समुद्री जल में फेंकने पर सख्ती से प्रतिबंध लगाया जाए।

4. विभिन्न कारणों एवं दुर्घटनाओं के कारण सागरों–महासागरों में फैलने वाले तेल को राष्ट्रीय–अन्तराष्ट्रीय स्तर पर उपलब्ध तकनीकों के उपयोग से तेल जनित प्रदूषण को दूर

किया जा सकता है या प्रदूषण को न्यूनतम स्तर पर लाया जा सकता है।

न्यूक्लियर हैजार्ईस (न्यूक्लियर आपदा) (*Nuclear Hazards*)

अंतरिक्ष में एक स्थान से दूसरे स्थान तक ऊर्जा का चलन विकिरणों (*radiations*) के माध्यम से होता है। प्रकृति में अनेक पदार्थ इस गुण के पाए जाते हैं जिनमें विकिरण की क्षमता होती है। विकिरण करने वाले ऐसे सभी पदार्थों को 'रेडियोएक्टिव पदार्थ' (*radioactive elements*) कहते हैं।

ये रेडियोएक्टिव पदार्थ जैसे, रेडियम–226, यूरेनियम–238, थोरियम–234, पोटेशियम –40, फास्फोरस–32, सीजियम–137, तथा रेडान–222 अपने परमाणुओं के नाभिकों के विघटन से प्रोटान्स, इलेक्ट्रान्स तथा गामा किरणों जैसी अति छोटी तरंग धैर्य वाली विद्युत चुम्बकीय तरंगों को निरंतर उत्सर्जित करते रहते हैं।

प्रकृति में मनुष्य को अपने जीवन भर विभिन्न प्रकार के रेडियोएक्टिव विकिरणों का निरंतर सामना करना पड़ता है। ये विकिरण प्राकृतिक एवं मानव निर्मित दोनो प्रकार के होते हैं।

1. **प्राकृतिक स्रोतः** इस स्रोत मे कॉस्मिक किरणें तथा वातावरणीय विकिरण सम्मिलित होते हैं। कॉस्मिक किरणें अंतरिक्ष से आती हैं जबकि वातावरणीय किरणें चट्टानों,

मृदा, एवं जल में मौजूद अनेक रेडियोएक्टिव पदार्थों में पायी जाती हैं।

2. **मानव निर्मित स्रोतः** अनेक प्रकार के रेडियोएक्टिव पदार्थों को खनन एवं शुद्धीकरण के द्वारा प्राप्त किया जाता है। इनका उपयोग परमाणु शस्त्रों एवं परमाणु बमों को बनाने, नाभिकीय विद्युत उत्पादन केन्द्रों, चिकित्सकीय शोध संस्थानों में विभिन्न रोगों के इलाज, कृषि क्षेत्र में अधिक उत्पादन देने वाली नई फसलों के विकास में होता है।

न्यूक्लियर रिएक्टरों में बिजली उत्पादन के लिए यूरेनियम का उपयोग किया जाता है। उपयोग के बाद इन रेडियोएक्टिव पदार्थों के अपशिष्ट को उचित एवं वैज्ञानिक तरीके से निपटारा एक बड़ी पर्यावरणीय समस्या है। इस प्रकार के सभी संस्थानों से निकलने वाले व्यर्थ अपशिष्ट न्यूक्लियर रेडियोधर्मी पदार्थों का यदि समुचित ढंग से निपटारा नही किया गया तो वे 'न्यूक्लियर हैजार्ड्स' (न्यूक्लियर आपदा) को जन्म देते हैं। ये रेडियोएक्टिव पदार्थ अपशिष्ट जल के साथ जल–संसाधनों में पहुंचते हैं और आहार श्रंखला के माध्यम से मनुष्यों एवं जीव–जंतुओं के शरीर में पहुंच जाते हैं। इसी के साथ इस प्रकार के प्रतिष्ठानों में काम करने वाले कर्मचारियों तथा इन के आस–पास रहने वाले नागारिक भी इस न्यूक्लियर हैजार्ड्स के शिकार होते रहते हैं।

न्यूक्लियर हैजार्ड्स के प्रमुख कारणों में परमाणु बमों तथा हाइड्रोजन बमों आदि के विस्फोट हैं। इस प्रकार के बमों के विस्फोट के पश्चात पृथ्वी पर गिरने वाली रेडियोएक्टिव धूल–न्यूक्लियर हैजार्ड का प्रमुख कारण होती है। इस प्रकार के बमों के विस्फोट परीक्षणों के फलस्वरूप विस्फोट स्थल और आस–पास का काफी दूर तक का पर्यावरणीय क्षेत्र रेडियोएक्टिव होकर न्यूक्लियर हैजार्ड्स का सशक्त एवं प्रभावी केन्द्र बन जाता है।

न्यूक्लियर हैजार्ड्स का प्रबंधन

न्यूक्लियर हैजार्ड्स उत्पन्न करने वाले रेडियोएक्टिव अपशिष्ट पदार्थों के प्रबंधन या रोकथाम की कोई भी प्रभावी, उचित एवं सस्ती तकनीक उपलब्ध नही है। इन पदार्थों को स्टील या कंक्रीट से निर्मित मोटी दीवारों वाले पात्रों में बंद करके भूमि में गहराई में दबा देना चाहिए या फिर इन्हें सागर तल में डम्प कर देना चाहिए। सभी सावधानियों का समुचित रूप से पालन करने के उपरांत भी न्यूक्लियर हैजार्ड्स को पूरी तरह रोका जा सकना संभव नही है।

रासायनिक आपदा(*Chemical Disaster*)

देश के विभिन्न उद्योगों, बागवानी और कृषि कार्यों के अच्छे उत्पादन के लिए अनेकानेक प्रकार के रसायनों का उपयोग किया जाता है। इन रसायनों में घातक और खतरनाक किस्म के रसायन

भी होते हैं जिनकी थोड़ी सी भी मात्रा जीव–जन्तुओं, मनुष्यों तथा पर्यावरण के लिए खतरनाक होती है। रसायन जनित रासायनिक आपदा का आशय उन दुर्घटनाओं से है जो अधिकांशतः मानवी भूलों और लापरवाहियों के कारण घटित होते है। इसी के साथ–साथ रासायनिक पदार्थों के उपयोग एवं रखरखाव में की गई लापरवाही भी रासायनिक दुर्घटनाओं का कारण बन जाती है। इस आपदाओं का मूल कारण मानव स्वास्थ्य, जीव–जन्तुओं और पर्यावरण के हानि पहुंचाने वाले खतरनाक एवं विषैले रसायन का वातावरण में मुक्त हो जाना होता है।

रसायनिक आपदाओं के संभावित कारणों में, तकनीकी एवं मानवी त्रुटियां, सुरक्षा प्रणालियों की विफलता, रसायनों के भंडारण एवं उपयोग में हुई प्रबन्धन सम्बन्धी लापरवाहियां तथा रसायनों उनके अपशिष्टों के परिवहन में हुई लापरवाही प्रमुख है। देश में अभी तक के इतिहास में 'भोपाल गैस काण्ड' सबसे भीषण रासायनिक आपदा थी जिसमें कारखाने से 'मेथिल आइसोसायनेट' नामक जहरीली गैस के रिसाव से लाखों लोगों की मृत्यु हो गई थी। इसी प्रकार विशाखापट्टनम के 'एलजी पालीमर कारखाने' से 'स्टाइरीन गैस' के रिसाव से कम से कम ग्यारह लोगों की मृत्यु हो गई थी।

अध्याय—6

प्राकृतिक आपदा
(Natural Disaster)

प्राकृतिक आपदा को साधारण शब्दों में इस प्रकार परिभाषित किया जा सकता है, "व्यापक पैमाने पर जन—धन की हानि अथवा क्षति पहुंचाने वाली घटना, महाविनाश और तबाही, प्राकृतिक आपदा कहलाती है।" *Disaster* शब्द फ्रेंच भाषा के *'Disastre'* शब्द से बना है जिसका शाब्दिक अर्थ है 'एक शैतान तारा'।

प्राकृतिक आपदा एक प्राकृतिक, या मानव निर्मित जोखिम का प्रभाव है जो समाज या पर्यावरण को नकारात्मक रूप से प्रभावित करता है। एक प्राकृतिक आपदा का एक स्वाभाविक परिणाम होता है, जैसे ज्वालामुखी विस्फोट, एवं भूकंप जो कि मानव गतिविधि को प्रभावित करता है। विकासशील देश आपदा का भारी मूल्य चुकाते हैं। प्राकृतिक आपदा के कारण 95% मृत्यु विकासशील देशों में होती है।

आपदा प्रबंधन अधिनियम, 2005 की धारा 2(डी) के अनुसार, "आपदा का अर्थ किसी भी क्षेत्र में प्राकृतिक या मानव निर्मित कारणों से होने वाली दुर्घटना, घटना, आपदा या गंभीर घटना, या दुर्घटना या लापरवाही से है जिसके परिणामस्वरूप जीवन का पर्याप्त नुकसान होता है या मानव पीड़ा या क्षति, और संपत्ति का

विनाश, या क्षति, या पर्यावरण का क्षरण हो तथा वह घटना ऐसी प्रकृति और परिमाण की हो जिससे उबर पाना प्रभावित क्षेत्र की समुदाय की क्षमता से परे हो।''

आपदाओं को अक्सर खतरे के संपर्क, मौजूद संवेदनशीलता की स्थितियां और संभावित नकारात्मक परिणाम को कम करने या उनका सामना करने के लिए अपर्याप्त क्षमता या उपायों के संयोजन के परिणाम के रूप में परिभाषित किया जाता है। आपदा वस्तुतः अचानक में घटित होने वाली घटना होती है जो आपदा स्थल के मनुष्यों और पशु–पक्षियों के लिए दुर्भाग्य और दुर्दशा का प्रबल कारण बनती है। प्राकृतिक आपदाएं सदैव अचानक होती हैं और मानव जीवन, अर्थव्यवस्था और पर्यावरण पर उस का विनाशकारी प्रभाव पड़ता है। प्राकृतिक आपदाओं के अतिरिक्त कुछ भू–वैज्ञानिक प्रक्रम (जैसे, बाढ़, तूफान, सुनामी तथा जंगलों की आग आदि) भी आपदा के कारक बन जाते हैं। इस प्रकार की सभी आपदाएं, चाहे वे प्राकृतिक स्वरूप की हों या मानव–जनित, जन–जीवन के लिए बहुत ही विनाशकारी साबित होती हैं और कभी–कभी तो वे इतना भयंकर रूप ले लेती हैं कि पूरे समुदाय का विनाश कर देती हैं। आपदा के प्रभाव में जीवन की हानि, बीमारी, तथा मानव के शारीरिक, मानसिक, एवं सामाजिक कल्याण के कार्यों पर विपरीत प्रभाव पड़ने के साथ–साथ आर्थिक व्यवधान एवं पर्यावरण को होने वाला भीषण नुकसान समाहित किया जा सकता है।

अध्याय–7

आपदा प्रबंधन

(Disaster Management)

परिभाषा

'आपदा के कारण हुई क्षति को कम करना तथा आपदा के उपरांत किए गए बचाव एवं राहत कार्यों को आपदा प्रबंधन कहा जाता है'। आपदा प्रबंधन का अर्थ है, किसी अकस्मात विपदा का सामना करने हेतु विशेष रूप से प्रशिक्षित सुरक्षा दल हर समय किसी भी आपदा से निपटने के लिए सजग एवं तत्पर रहता है। इस सुरक्षा दल को 'नेशनल डिसास्टर रिस्पान्स फोर्स (*National Disaster Response Forces, 'NDRF'*) या 'राष्ट्रीय आपदा बल' कहते हैं। आपदा के कारण हुई क्षति को कम करना, तथा आपदा के कारण उसके उपरांत किए गए बचाव एवं राहत कार्यों को आपदा प्रबंधन की श्रेणी में रखा जाता है। आपदा प्रबंधन क्रिया– कलापों की वह श्रंखला है, जिसका मुख्य उद्देश्य आपदा की रोकथाम और आपदा के दुष्प्रभावों को कम करना होता है। किसी भी आपदा के बाद अनेक संगठन और व्यक्ति आपदा से प्रभावित लोगों का दुःख–दर्द और धन–सम्पदा को हुई क्षति को कम करने के लिए चुपचाप किंतु प्रभावी रूप से कार्य करते रहते हैं। किसी भी आपदा से जुड़ी प्रारंभिक चेतावनी, रोकथाम, शमन, बचाव,

राहत और पुनर्वास के क्षेत्र में अनुसंधान एवं नवाचारों जैसे उत्कृष्ट कार्यों के लिए देश में अनेक संस्थाओं और व्यक्तियों द्वारा समय–समय पर महत्वपूर्ण कार्य किये जाते रहे हैं। देश में व्यक्तियों और संस्थानों द्वारा आपदा प्रबंधन के क्षेत्र में अमूल्य योगदान देने और निःस्वार्थ सेवा करने वाले कार्यों को मान्यता और सम्मान प्रदान करने के लिए भारत सरकार द्वारा नेताजी सुभाष चन्द्र बोस की 125वीं जयंती, (दिनांक : 23 जनवरी 2022), के अवसर पर 'सुभाष चन्द्र बोस आपदा प्रबंधन पुरस्कार' प्रदान किये जाने की घोषणा की गई। पुरस्कार के रूप में संस्थान को 51 लाख रू0 नकद और एक प्रमाण पत्र तथा व्यक्तिगत स्तर पर 5 लाख रू0 नकद और एक प्रमाण पत्र प्रदान किये जायंगे। देश के प्रधानमंत्री द्वारा दिनांक : 23 जनवरी 2022 को ही एक अलंकरण समारोह में वर्ष 2019, 2020, 2021 और वर्ष 2022 के लिए 'सुभाष चन्द्र बोस प्रबन्धन पुरस्कार' भी प्रदान किया गया।

वर्ष 2019 के लिए संस्थान श्रेणी में यह पुरस्कार गाजियाबाद स्थित 'राष्ट्रीय आपदा मोचन बल (एन0डी0आर0एफ0)' की 8वीं बटालियन को प्रदान किया गया। वर्ष 2020 के लिए संस्थान श्रेणी में यह पुरस्कार 'आपदा शमन और प्रबंधन केन्द्र', उत्तराखण्ड को तथा व्यक्तिगत श्रेणी में यह पुरस्कार श्री कुमार मुन्नन सिंह को प्रदान किया गया। वर्ष 2021 के लिए संस्थान श्रेणी में यह पुरस्कार 'सस्टेनेबल एनवायरनमेंट एंड इकोलॉजिकल डेवलपमेंट सोसायटी (सीड्स)' को तथा व्यक्तिगत श्रेणी   में यह

पुरस्कार डा0 राजेन्द्र कुमार भंडारी को प्रदान किया गया। वर्ष 2022 के लिए संस्थान श्रेणी में यह पुरस्कार 'गुजरात आपदा प्रबंधन संस्थान' को तथा व्यक्तिगत श्रेणी में यह पुरस्कार प्रोफेसर विनोद शर्मा को प्रदान किया गया है।प्रकृति में प्रतिवर्ष घटित होने वाली कुछ महत्त्वपूर्ण महाविनाशकारी आपदाओं का वर्णन निम्नवत है:

1. बाढ़ आपदा (*Flood Disaster*)

बाढ़ आपदा को निम्नवत परिभाषित किया जा सकता है: 'सामान्यतया बाढ़ व प्राकृतिक स्थिति है जिसमें अति जल वृष्टि के कारण नदियां अपनी निर्धारित जलधारण की क्षमता खो देती हैं जिसके परिणामस्वरूप अति जल वृष्टि का जल अधिकता के कारण नदियों से उफनाकर उसके आस–पास के कृषि भूमि, फसलों, बाग–बगीचों तथा रिहायशी क्षेत्रों आदि को अस्थायी रूप से जलमग्न कर देता है और जन–जीवन प्रभावित हो जाता है।''

बाढ़ एक प्राकृतिक या अप्राकृतिक आपदा हो सकती है जिसके जल का अस्थायी अति प्रवाह होने से अत्याधिक जल–जमाव हो जाता है। बाढ़ का पानी तेज बहाव वाला या स्थिर भी हो सकता है। अप्राकृतिक बाढ़ की स्थिति किसी मानवीय भूल के कारण कोई बांध या तटबंध टूटने के कारण उत्पन्न हो सकती है। बाढ़ की गंभीरता हर क्षेत्र के हिसाब से अलग–अलग हो सकती है और उसी अनुपात में विनाश की स्थिति भी अलग–अलग होती है। भारत जैसे देश में पूरे वर्ष भर एकसमान रूप से वर्षा नही होती है बल्कि वर्ष

के जून माह से सितम्बर माह तक वर्षा अपने उच्चतम स्तर पर होती है जिसका दुष्परिणाम देश के अनेक क्षेत्रों में भीषण बाढ़ के रूप में देखने को मिलता है। अति जल वृष्टि के अलावा भी बाढ़ आने के कुछ प्रमुख कारण निम्नवत हैं–

1. वनाक्षेपण या वनों की अंधाधुंध कटाई।
2. पहाड़ों, वनों एवं चारागाहों में पशुओं द्वारा अत्याधिक चराई।
3. अनियोजित खनन।
4. वैश्विक तापन (ग्लोबल वार्मिंग)।
5. पहाड़ों में होने वाले भूस्खलन।
6. नदियों में गाद जमा होते जाने से उनकी जल धारण क्षमता में कमी आना ।
7. सड़कों, हाईवेज, बहुखण्डीय कालोनियों के निर्माण के कारण वर्षा जल का भूमि में अवशेषित किए जाने का प्रक्रम समाप्त हो जाना।

बाढ़ का नियंत्रण

बाढ़ की स्थिति के नियंत्रण और बाढ़जनित समस्याओं के निराकरण में अधोलिखित कार्यवाहियां प्रभावी हो सकती हैं–

1. नदियों में जमा गाद की समय–समय पर सफाई।
2. राष्ट्रीय स्तर पर देश की सभी नदियों को आपस में जोड़कर नदियों का जाल बनाना।

3. नदियों के किनारों पर बाढ़ जल के नियंत्रण के लिए अस्थायी/स्थायी रोक दीवाल बनाना।

बाढ़ आपदा से प्रभावित लोगों के दुःख और हानियों आदि को कम करने के लिए कुछ प्रभावी कदम निम्नवत हो सकते हैं–

1. मीडिया के विभिन्न माध्यमों से बाढ़ के पूर्वानुमान के बारे में लोगों को सूचित करना, उन्हें बाढ़ आने की चेतावनी देना और सुरक्षा के उपायों के बारे अवगत कराना।

2. बाढ़ आने का पूर्वानुमान लगाकर संभावित प्रभावित क्षेत्रों से घर–गृहस्थी के बहुमूल्य सामानों, जीवनापयोगी आवश्यक सामानों, तथा पशुओं आदि को सुरक्षित स्थानों पर व्यवस्थित कर लेना चाहिए।

3. आपदा आने के पूर्व बुजुर्गों एवं बच्चों को सुरक्षित स्थान पर पहुंचा देना चाहिए।

4. सरकारी तथा गैर–सरकारी संगठनों को बाढ़ आपदा से प्रभावित लोगों की सहायता के लिए तत्परता से आगे आना चाहिए।

भूकम्प आपदा (*Earthquake Disaster*)

भूकम्प या भूचाल अचानक से पृथ्वी की सतह को हिलने–डुलने को कहते हैं। यह पृथ्वी के स्थलमंडल

(*Lithosphear*) में ऊर्जा के अचानक मुक्त हो जाने के कारण उत्पन्न होने वाली भूकम्पीय तंरगों के कारण होता है। भूकम्प अत्याधिक खतरनाक और विनाशकारी आपदा है।

पृथ्वी की भूपर्पटी (*Earth's Crust*) में किसी भी बाह्य या आंतरिक कारणों से अचानक होने वाले संचालन के कारण भूकंप आता है। पृथ्वी की भूपर्पटी पर दबाव अधिक होने पर चट्टानें अचानक टूट जाती हैं। वे टूट कर या तो अन्दर धंस जाती हैं अथवा ऊपर की ओर उभरने लगती हैं। इन चट्टानों के इन्ही जोरदार धक्कों से पृथ्वी कांपने लगती हैं। तकनीकी शब्दों में पृथ्वी की इन विभिन्न प्रकार प्रकार की सतहों का परस्पर टकराव ही भूकम्प का कारण होता है।

सर्वाधिक सामान्य अर्थ में, किसी भी भूकम्पीय (Seismic) घटना का वर्णन करने के लिए 'भूकंप' शब्द का उपयोग किया जाता है। भूकंप प्रायः विभिन्न भूगर्भीय दोषों के कारण आते हैं। इन दोषों में पृथ्वी के भीतर भारी मात्रा में विभिन्न प्रकार की गैसों (मुख्यतः मीथेन गैस) का भारी मात्रा में इकट्ठा होना, ज्वालामुखी विस्फोट, भूस्खलन और नाभिकीय परीक्षण आदि मुख्य दोष हैं।

पृथ्वी के भीतर स्थित टेक्टानिक प्लेट्स (विवर्तनिक प्लेटों) में आंतरिक दबाव क्षेत्र होते हैं जो अपनी पड़ोसी प्लेटों के साथ अंतर्क्रिया करती रहती हैं जो अंततोगत्वा भूकंप को जन्म देती हैं। कई बार भूकंपों की एक श्रंखला 'भूकंप तूफान' के रूप में भी

उत्पन्न होती है जिसके कारण भूकंप समूह में भयंकर विनाश का कारण बनता है। भूकंप की आवृत्ति में कई कारणों से अत्याधिक वृद्धि हो सकती है जो कि इस प्रकार हैं–

1. भूमिगत न्यूक्लियर परीक्षण।
2. भूमि के भीतर अत्याधिक गहराई में द्रवीय अपशिष्ट पदार्थों का भंडारण करना।
3. बहुखण्डीय ऊँचे–ऊँचे भवनों का निर्माण।
4. बहुत बड़े–बड़े बांधों का निर्माण।
5. बड़े बांधों के आस–पास झील के रूप में अत्याधिक जल का भण्डारण करना या हो जाना।

भूकम्प के शुरू होने में 'अवकेन्द्र' (*hypocentre*) और 'उपरिकेन्द्र' (*Epicentre*) की महत्वपूर्ण भूमिका होती है। पृथ्वी के भीतर अवकेन्द्र वह बिन्दु होता है जहां से भूकम्प आरम्भ होता है। यह बिन्दु पृथ्वी की सतह पर स्थित उपरिकेन्द्र के ठीक नीचे स्थित होता है। उपरिकेन्द्र से अवकेन्द्र की गहराई को अवकेन्द्रीय गहराई (*hypocentral depth*) कहा जाता है।

भूकम्प का मापन भूकम्पमापी यंत्र से किया जाता है जिसे 'सीस्मोग्राफ' कहते हैं। एक भूकंप का 'आघूर्ण परिमाण मापक्रम' पारंपरिक रूप से नापा जाता है या फिर रिक्टर परिमाण लिया जाता है। रिक्टर पैमाना (*Richter Magnitude Scale*)भूकंप की तंरगों की तीव्रता मापने का एक गणितीय पैमाना है। किसी भूकंप के समय

भूमि के अधिकतम आयाम और किसी अनियंन्त्रित/ स्वेच्छ (*arbitrary*) छोटे आयाम के अनुपात के साधारण लघुगणक को 'रिक्टर पैमाना' कहते हैं। रिक्टर पैमाने का विकास वर्ष 1930 के दशक में किया गया था लेकिन वर्ष 1970 के बाद से भूकम्प की तीव्रता के मापन के लिए रिक्टर पैमाने के स्थान पर 'आधूर्ण परिमाण पैमाना' (*Moment Magnitude scale*)का उपयोग किया जाता है। रिक्टर पैमाने का विकास कैलीफोर्निया इंस्टीट्यूट ऑफ टेक्नोलॉजी के चार्ल्स रिक्टर और बेनो गुटेनबर्ग द्वारा किया गया था। 3 या उससे कम रिक्टर परिमाण की तीव्रता का भूकम्प अक्सर अदृश्य एवं अप्रभावी होता है जबकि 7 या 7 से अधिक रिक्टर की तीव्रता का भूकम्प बड़े क्षेत्रों में गंभीर क्षति एवं विनाश का कारण बनता है।

भूकंप आपदा से बचाव

भूकंपीय आपदा से जन–धन की सुरक्षा और बचाव के लिए अभी तक सुनिश्चत विधियां नही खोजी जा सकी हैं। लेकिन भूकंप के दौरान एवं भूकंप समाप्त हो जाने के बाद कुछ सावधानियों एवं बचाव के तौर–तरीकों को अपनाकर भूकंपजन्य विनाश लीला और जन–धन की हानि को कम जरूर किया जा सकता है। ये उपाय निम्नवत हो सकते हैं–

1. भूकंप संवेदी क्षेत्रों में बहुखण्डीय ऊंचे– ऊंचे भवनों का निर्माण न किया जाए।

2. भवनों में छतों पर पानी की टंकी, भारी चिमनी तथा स्टोर के कमरों का निर्माण न किया जाए।

3. भवनों की दीवारें मजबूत हों और भवन मजबूत पिलर्स पर खड़े हों।

4. भूकंप संवेदी क्षेत्रों में भवन निर्माण भूकम्परोधी तकनीक के आधार पर हो।

5. पर्वतीय क्षेत्रों में भवन निर्माण के लिए वजन में हल्की भवन निर्माण सामग्रियों का उपयोग हो।

6. भूकंप संवेदी क्षेत्रों में समय–समय पर लोगों को भूकंप से बचाव के लिए जागृत एवं प्रशिक्षित करते रहना चाहिए।

चक्रवात (*Cyclone*)

चक्रवात या बवंडर धूमती हुई वायुराशि का नाम है। मौसम विज्ञान में चक्रवात को परिभाषित करते हुए बताया गया है कि इसमें आमतौर पर वायु सर्पिल आकार में पृथ्वी के उत्तरी गोलार्ध में दक्षिणावर्त और दक्षिणी गोलार्ध में वामावर्त रूप से घूमती है। उत्पत्ति के क्षेत्र के आधार पर चक्रवात दो प्रकार के होते हैं:

1. उष्ण कटिबंधीय चक्रवात (*Tropical Cyclone*)

2. शीतोष्ण कटिबंधीय चक्रवात

   (*Temperate Cyclone or Extrotropical Cyclone*)

1. उष्ण कटिबंधीय चक्रवात (*Tropical Cyclone*)

यह चक्रवात उष्णकटिबंध में तीव्र और अन्य स्थानों पर साधारण होते हैं। उष्मा और नमी के कारण तटीय क्षेत्रों के गर्म महासागरों में चक्रवात असाधारण रूप से बनते रहते हैं। इन क्षेत्रों में चक्रवात के बनने के लिए यह बहुत आवश्यक है कि सागर/महासागर के जल की सतह का तापक्रम 26^0C से अधिक रहे। इस चक्रवात के प्रभाव से प्रचुर वर्षा होती है। इनकी गति 50 से लेकर 300 कि0मी0 तक की होती है और व्यास 150 से 300 कि0मी0 तक की होता है। चक्रवात के केन्द्रीय भाग को 'चक्रवात की आँख' कहते हैं। इसमें वाताग्र (*fronts*) नही होता है। इनकी उत्पत्ति पतझड़ के मौसम में होती है। वाष्णीकरण के कारण इनमें भारी मात्रा में गुप्त उष्मा (*latent heat*) होती है। ये चक्रवात प्रायः भारी विनाशलीला करते हैं जिसके कारण जन–धन, फसलों और वृक्षों को भारी नुकसान होता है। वैश्विक स्तर पर विभिन्न देशों में इस चक्रवात को अलग–अलग नामों से पुकारा जाता है यथा 'चक्रवात' (हिन्द महासागर, अरब सागर एवं बंगाल की खाड़ी में); 'टेफु' (जापान में) ; 'हरिकेन' (कैरेबियन सागर में) ; विल्ली विल्लीज (ऑस्ट्रेलिया में); 'बेजियो' (फिलीपीन्स में) तथा 'टाईफून' (चीन में)।

2. शीतोष्ण कटिबंधीय चक्रवात

(*Temperate or Extratropical Cyclone*)

यह मध्य एवं उच्च अक्षांशों का निम्न दाब वाला चक्रवात है। ये चक्रवात उत्तरी गोलार्ध में केवल शीत ऋतु में उत्पन्न होते हैं, जबकि दक्षिणी गोलार्ध में जलीय भाग के अधिक मात्रा में होने के कारण ये वर्ष भर उत्पन्न होते रहते हैं। इस चक्रवात में वायुवेग उष्ण कटिबंधीय चक्रवातों से कम होता है। इस चक्रवात के कारण प्रायः हिमपात एवं तीव्र बौछारों के साथ रूक—रूक कर वर्षा होती है जो कई दिनों तक चलती रहती है। इसमें दो वाताग्र (*fronts*)होते हैं एवं वायु की दिशा वाताग्रों के अनुसार तेजी से बदल जाती है। यह चक्रवात 20 से लेकर 30 कि0मी0 प्रति घंटा के वेग से सर्पिल रूप से चलता है। इसका प्रभाव दक्षिणी स्पेन, दक्षिणी फ्रांस, इटली, बाल्कन प्रायद्वीप, टर्की, इराक, अफगानिस्तान, तथा उत्तरी भारत पर होता है।

दोनों प्रकार के चक्रवात उत्तरी गोलार्ध में वामावर्त (*anti* − *clockwise*)तथा दक्षिणी गोलार्ध में दक्षिणीवर्त (*clock* − *wise*)रूप में संचालित होते हैं। आकृति और आकार में चक्रवात लगभग गोलाकार या अण्डाकार होते हैं और ये एक शक्तिशाली भंवरयुक्त तूफान के रूप में होते हैं। एक चक्रवात अपनी गति, अवधि और प्रभावी क्षेत्र (फैलाव क्षेत्र) के मामले में दूसरे चक्रवात से पूर्णतया भिन्न होता है। चक्रवाती तूफान लम्बे समय (लगभग एक सप्ताह की अवधि) तक बने रह सकते हैं और इस अवधि में

उसका व्यास 100 कि0मी0 से लेकर 150 कि0मी0 तक का हो सकता है।

चक्रवाती तूफान से सुरक्षा और बचाव

चक्रवाती तूफान जहां भी उत्पन्न होते हैं उस क्षेत्र के बड़े भू–भाग में जन–धन, फसलों एवं वनों की विनाशकारी बरबादी कर देते हैं। यद्यपि इन तूफानों के उत्पन्न होने और उसकी पुनरावृत्ति को रोका जाना संभव नही है लेकिन उससे होने वाली जन–धन की हानि की सुरक्षा और बचाव के प्रबंधन के लिए निम्नलिखित प्रभावी उपाय किए जा सकते हैं:

1. सागर और महासागरों के तटीय पट्टियों में स्थानीय पौधों का सघन पौधरोपण किया जाना।

2. बांधों, तटबंधों एवं रिहायशी क्षेत्रों मे तूफान के कारण जमा होने वाले पानी के शीघ्र निकास के लिए चौड़ी नालियों तथा प्रभावित होने वाले लोगों के सुरक्षित निकास के लिए चौड़ी सड़कों का निर्माण किया जाना।

3. मौसम की जानकारी देने वाली बुलेटिनों का नियमित रूप से प्रसारण होना।

4. तूफान आने पर प्रभावित होने वाले संभावित क्षेत्रों के लोगों को मौसम बुलेटिनों को नियमित रूप से सुनने और उसमें दी गई जानकारियों एवं चेतावनियों का पालन करते रहने

के लिए जागृत करना और उन्हे अपनी सुरक्षा एवं बचाव के लिए प्रशिक्षित करते रहना।

5. तूफान के संभाव्य आगमन के आस—पास के समय में मछुआरों को सागर और महासागरों में न जाने की चेतावनी सूचक सूचना प्रदान करना।

6. तूफान के प्रभाव वाले क्षेत्रों में खाद्य—सामग्रियों, औषधियों एवं राहत कार्यों के लिए उपयोगी सामानों का समुचित भंडार रखना।

7. तूफान आने के संभावित समय के दौरान वाहनों के आवागमन को पूर्णतया बन्द कर देना।

8. स्थानीय प्रशासन, शासन और गैर—सरकारी संगठनों के एकीकृत सहयोग से राहत कार्यों का त्वरित एवं विधिवत निष्पादन करने के लिए ऐक्शन प्लान तैयार रखना।

भूस्खलन (Landslide)

भूस्खलन एक भूवैज्ञानिक घटना है। भारी वर्षा, बाढ़ तथा भूकम्प के आने से भूस्खलन हो सकता है। मानवी गतिविधियों जैसे छोटी—छोटी वनस्पतियों एवं वनों को काटने, सड़क निर्माण के दौरान खड़ी चट्टानों को काट देने या पानी के पाइपों में रिसाव से भी भूस्खलन हो सकता है। धरातली हलचलों जैसे पत्थर गिरना एवं पथरीली मिट्टी का बहाव आदि घटनाएं भूस्खलन के अन्तर्गत आती हैं। भूस्खलन कई प्रकार के हो सकते हैं। इसमें चट्टानों का छोटे—छोटे टुकड़ों के गिरने से लेकर बहुत अधिक मात्रा में चट्टानों

के टुकड़ों और मिट्टी को बहाव भी शामिल हो सकता है तथा इसका विस्तार कई किलोमीटर की दूरी तक हो सकता है।

प्राकृतिक रूप से मौजूद ढालू स्थानों की प्रकृति में बदलाव करने, उन पर मौजूद वनस्पतियों एवं पेड़-पौधो को काट देना, पशुओं द्वारा अत्याधिक चराई करना तथा सड़क एवं भवन निर्माण आदि कार्यों के लिए ढलानों के आधार भाग को काट कर हटा देने जैसे कारण ही अधिकाशतः भूस्खलन का कारण बनते हैं।

ढालू स्थानों की ऊपरी सतह पर मौजूद घास आदि के कम हो जाने या सूख जाने पर वर्षा ऋतु के मौसम में ढालू सतहों पर गिरने वाली वर्षा जल की बूंदें उस भूमि में रिस-रिस कर सोखे जाने के बजाय वे आपस में मिलकर नन्हीं-नन्ही नदियों रूप धारण कर लेती हैं। ये नन्ही-नन्ही नदियां आपस में मिलकर छोटे-छोटे नाले का स्वरूप धारण करके तेजी से नीचे की ओर बहने लगते हैं और अपने साथ मिट्टी एवं छोटे-छोटे पत्थरों को भी बहाने लगते हैं। शनैः-शनैः यह प्रक्रम तेज होता जाता है और बड़े भूस्खलन का कारण बन जाता है। पहाड़ों पर बने हुए भवनों से अनेक कारणों से रिसने वाला जल भी आगे चलकर भूस्खलन का कारण बन जाता है। भूस्खलन के कारण जन-धन, एवं पर्यावरण की बहुत क्षति होती है तथा आवागमन के मार्ग भी अवरूद्ध हो जाते हैं।

भूस्खलन के सांकेतिक लक्षण

भूस्खलन की किसी घटना के घटित हाने के पूर्व भूस्खलन होने के सांकेतिक लक्षणों की पहचान करके जन–धन, भवन, व्यापार एवं वनों की संभावित हानियों को कम किया जा सकता हैं। ये लक्षण निम्नवत हो सकते हैं:

1. भवनों के दरवाजे एवं खिड़कियां अपने चौखटों में अटकने लगें।

2. इन चौखटों के आस–पास दरारें दिखने लगें।

3. भवनों के बरामदे शेष घर से दूसरी दिशा में झुकने लग गए हों या अपने मूल स्थान से कुछ खिसक गए हों।

4. सड़कों, फुटपाथों और धरती में दरारें या उभार पैदा हो गए हों।

5. वृक्षों, घरों और बागों के बाड़ों तथा रिटेनिंग दीवालों में झुकाव आ गया हो।

6. ऐसे क्षेत्र जो सामान्यतः गीले नही होते, वहां अचानक से पानी का रिसाव होने लगे, पानी निकलने लगे या क्षेत्र विशेष में धरती की सतह पर जल भराव होने लगे।

भूस्खलन का नियंत्रण

यद्यपि भूस्खलन की प्रक्रिया को नियंत्रण किया जा सकना आसान नही है लेकिन अधोलिखित उपायों को अपनाकर इसके घटित होने की प्रक्रिया को न्यूनतम स्तर पर लाया जा सकता है:

1. पहाड़ों एवं ढलान वाले स्थानों में जमीन की सतह पर बहने वाले पानी तथा जमीन के नीचे जमा होने वाले पानी की निकासी की वैज्ञानिक ढंग से समुचित व्यवस्था करना।

2. बड़े–बड़े पत्थरों को लोहे की जालियों में रखकर पहाड़ों एवं ढालू स्थानों के ढलान की सतह पर फैला कर भूस्खलन की रोकथाम करना।

3. किसी भी ढलान का आधार भाग, जो काट कर हटा दिया गया हो, को कंक्रीट द्वारा मजबूत सहारा देना।

4. ढलान वाले स्थानों में वनाक्षेपण को रोकने के लिए कठोर कानून बनाना।

5. पहाड़ों एवं ढलान वाले स्थानों पर झाड़ियों एवं झुपदार पौधों के रोपण को प्राथमिकता देना।

6. पशुओं द्वारा की जाने वाली अत्याधिक चराईपर नियंत्रण करना।

सुनामी (*Tsunami*)

समुद्र के भीतर अचानक जब बड़ी तेज हलचल होने लगती हैं तो उसमें तूफान उठता है जिसके फलस्वरूप बहुत लंबी और ऊँची लहरों का रेला उठने लगता है जो अत्याधिक आवेग के साथ आगे बढ़ती हैं। इन्ही लहरों के रेले को सुनामी कहते हैं। सुनामी जापानी भाषा का शब्द है और इसका उपयोग समुद्री तूफान के लिए होता है। जापान में सुनामी को दूसरे शब्दों में 'हार्बरवेव्ज' (*Harbourwaves*)कहते हैं जिसका अर्थ है 'बन्दरगाह के निकट

की लहर'। सुनामी शब्द 'सु' और 'नामी' अक्षरों से मिलकर बना है जिसमें 'सु' का अर्थ हैं 'समुद्र तट' और 'नामी' का अर्थ है 'लहरें'। पहले सुनामी को समुद्र में उठने वाले 'ज्वार' के रूप में लिया जाता रहा है लेकिन अब ऐसा नही है। वस्तुतः समुद्र में लहरें चन्द्रमा और सूर्य के गुरूत्वाकर्षण के प्रभाव सें उठती हैं लेकिन सुनामी लहरें इस प्रकार की लहरों से अलग होती हैं।

विभिन्न प्राकृतिक और मानवी कारणों से सागर एवं महासागर की अथाह जलराशि में श्रेणीबद्ध रूप में ऊपर की ओर उठने वाली जल की तरंगावलियों को सुनामी कहते हैं। ये तरंगावलियां कई मीटर ऊँची होती हैं और तटों से टकराकर ये और कई मीटर की ऊँचाई तक उठ जाती हैं। लहरों की ये ऊँचाई 10–18 मीटर से भी अधिक हो सकती है। ऊँचाई के साथ–साथ वे तरंगावलियां बहुत लम्बी यानी सैकड़ों किलोमीटर चौड़ाई वाली होती हैं। इन लहरों के निचले हिस्सों के बीच का फासला सैकड़ों किलोमीटर का होता है परन्तु जब ये लहरें समुद्र तट के पास आती हैं तो लहरों का निचला भाग जमीन को छूने लगता है जिससे इनकी गाति कम हो जाती है और ऊँचाई बढ़ जाती है। ऐसी स्थिति में जब ये तरंगावलियां तट से टकराती हैं तो विनाशलीला शुरू हो जाती है। उस समय इन लहरों की गति 420 कि0मी0 प्रति घंटा तक और ऊँचाई 10–18 मीटर तक हो जाती है अर्थात ये खारे पानी की चलती हुई दीवाल हो जाती हैं।

सुनामी तूफान प्रायः भूकम्पों के कारण पैदा होते हैं। इसके अतिरिक्त ज्वालामुखी पर्वत के फटने, किसी भी प्रकार के प्राकृतिक विस्फोट या न्यूक्लियर विस्फोट, भूस्खलन होने, अथवा कभी—कभी ब्रहमांडीय उल्कापिंडों के प्रभाव से भी सुनामी तूफान का जन्म होता है। वर्तमान वैश्विक परिदृश्य में बढ़ते ग्लोबल वार्मिंग से भी सुनामी आने का खतरा बहुत बढ़ गया है। प्रशान्त महासागर में सुनामी आना बहुत आम घटना है जबकि बंगाल की खाड़ी, हिन्द महासागर एवं अरब महासागर में ऐसा नही है।

सुनामी के दुष्प्रभाव

सुनामी की लहरें समुद्री तटों पर अचानक से इतने भीषण रूप से हमला करती हैं कि किसी को भी कुछ समझने और संभलने का कोई मौका नही मिल पाता है जिसके फलस्वरूप जन—धन का बुरी तरह नुकसान होता है। जिस प्रकार वैज्ञानिक अभी तक भूकंप आने का पूर्वानुमान लगाने और उसके विषय में कोई भविष्यवाणी कर सकने में असमर्थ हैं, उसी प्रकार सुनामी आने का न तो पूर्वानुमान लगाया जा सकता है और न ही उसके विषय में कोई भविष्यवाणी की जा सकती है।

सुनामी से बचाव के उपाय

सुनामी आने पर बचाव के लिए निम्न उपायों का पालन अवश्य करना चाहिएः

1. सबसे पहले समुद्री तट, झील या पानी के अन्य स्रोतों से दूर भाग कर समुद्री जल स्तर से ऊंचे किसी मजबूत स्थान पर चले जाना चाहिए।

2. सुनामी विषयक उपयोगी एवं विश्वसनीय जानकारियां प्राप्त करते रहने के लिए स्थानीय रेडियो प्रसारण आवश्य सुनते रहना चाहिए।

3. सुनामी के समय और उसके बाद स्थानीय प्रशासन द्वारा दी जा रही सूचना और चेतावनियों का पालन अवश्य करना चाहिए।

4. पशुओं का अपनी जगह को अचानक छोड़कर मनुष्यों के पास शरण लेने की कोशिश करना तथा उनके व्यवहार में आए परिवर्तन तथा असमान्य लक्षण दिखने पर सजग हो जाना चाहिए।

5. सुनामी आने पर अपनी संपत्ति से पहले अपने परिजनों और अपनी जान बचाने का प्रयास करना चाहिए।

6. यदि पानी में फंस गए हैं तो पानी में तैर रही किसी भी चीज को तत्काल पकड़ लेना चाहिए।

वज्रपात (*Thunderclap or Thunderbolt*)

वज्रपात का अर्थ है आकाश से बिजली गिरना। दूसरे शब्दों में बरसात के मौसम में आकाश में बिजली चमकने और बादल गरजने के मौसम में आकाश में बिजली चमकने और बादल गरजने के बाद पृथ्वी पर बिजली गिरने की प्रक्रिया को वज्रपात कहते हैं।

जब आकाश में बिजली कड़कती है तो उससे असीम ऊर्जा उत्पन्न होती है। पृथ्वी के जिन भागों में पहाड़ ज्यादा होते हैं और बादल अधिक बनते हैं वहां बादल से बादल या पहाड़ से बादल टकरा जाते हैं। इनके टकराने से असीम ऊर्जा उत्पन्न होती है और वज्रपात हो जाता है। दूसरे शब्दों में, बिजली गिर जाती है। आकाश में जिस बिजली की एक चमचमाती रेखा ही दिखाई पड़ती है, वस्तुतः उसकी इक्यावन रेखाएँ तक होती हैं।

वज्रपात अधिकाशतः उन लोगों पर ही ज्यादा होता है जो बरसात के मौसम में खुले स्थानों पर, हरे वृक्ष के नीचे, टीवी एवं टेलीफोन टावरों के नीचे या उसके पास में खड़े होते हैं या नदी, तालाब या अन्य किसी जलाशय के नजदीक खड़े होते हैं। वैश्विक स्तर पर प्रतिपल कहीं–न–कहीं वज्रपात होता रहता है और प्रतिदिन लगभग आठ लाख चौसठ हजार बार बिजली गिर ही जाती है। इसके फलस्वरूप लगभग एक लाख व्यक्तियों की या तो मृत्यु हो जाती है या वे घायल हो जाते हैं। भारत में वर्षा ऋतु में प्रतिवर्ष औसतन पाँच लाख बार तक वज्रपात हो जाता है।

धरती से तीन कि0 मी0 ऊपर की दूरी के वज्रपात में औसतन एक अरब से एक हजार करोड़ की जूल शक्ति उत्पन्न होती है। 'जूल' बिजली–शक्ति की इकाई है। सौ वाट का एक बल्ब प्रति सेकेंड सौ जूल शक्ति खर्च करता है। इस प्रकार केवल एक हजार करोड़ की जूल शक्ति से सौ वाट के एक बल्ब को लगातार तीन वर्ष तीन महीने तक जलाया जा सकता है।

वज्रपात से बचने के उपाय

1. बिजली चमकने के समय टेलीफोन एवं बिजली के पोल, तथा टीवी टावर से दूर रहें।

2. वर्षा ऋतु में कपड़े को सुखाने के लिए धातु निर्मित तारों का उपयोग न करके रस्सी का उपयोग करें।

3. बिजली चमकने और कडकने के समय किसी अकेले वृक्ष के नीचे मत खड़े हों। यदि जंगल में हैं तो कम ऊँचाई वाले वृक्षों और घने वृक्षों के नीचे शरण लें।

4. घर के भीतर हों तो विद्युत संचालित उपकरणों से दूर रहें।

5. बिजली चमकने और कड़कने के समय खिड़कियां, दरवाजे बंद रखें। छत और बरामदे में मत जाएं।

6. धातु निर्मित पाइप, नल, फव्वारा, और वाश बेसिन का उपयोग न करें।

7. बिजली चमकने और कड़कने के समय ऊँचे भवनों वाले क्षेत्र में आश्रय न लें।

8. समूह में खड़े होने के बजाय अलग—अलग खड़े हों।

9. सफर के दौरान अपने वाहन में रहें या किसी मजबूत छतवाले वाहन में रहें। खुली छत वाले वाहन की सवारी न करें।

10. नदी, तालाब तथा जलाशयों से दूर रहें। यदि पानी के भीतर हैं या किसी नाव में हैं, तो तुरन्त बाहर सूखे स्थान पर आ जाएं।

वज्रपात के मौसम में क्या करें:

1. बिजली चमकने या कड़कने के समय यदि सिर के बाल खड़े हो जाएं तथा त्वचा में झुनझुनी महसूस होने लगे तो तत्काल अपने दोनो कानों को हाथों से बन्द कर लें क्योंकि यह इस बात का सूचक है कि आपके आस–पास वज्रपात होने वाला है।

2. वज्रपात से प्रभावित व्यक्ति को तत्काल कृत्रिम सांस देकर प्राथमिक चिकित्सा की व्यवस्था करना चाहिए।

टिड्डियों का आक्रमण (Locust Attack)

टिड्डी जन्तु जगत के बड़े उष्णकटिबंधीय कीट हैं जिनके भीतर उड़ने की अद्भुत क्षमता होती है। टिड्डियां लंबी दूरी तक प्रवासी कीड़ों के रूप में पलायन करने के लिए बड़े–बड़े झुंडों का निर्माण करती हैं। आमतौर पर जून और जुलाई के महीनों में इन्हे आसानी से देखा जा सकता हैं क्योंकि ये गर्मी और बारिश के मौसम में ही सक्रिय होती हैं। इनका समूह दिन के समय उड़ता रहता है और रात में पेड़ों, कृषि फसलों एवं जमीन पर रूक जाता है। सम्पूर्ण विश्व में इनकी पाँच जातियां पायी जाती हैं जो निम्नवत हैं:

1. रेगिस्तानी या मरूभूमीय टिड्डी

2. रॉकी पर्वतीय टिड्डी या रॉकी टिड्डी

3. दक्षिण अफ्रीका की भूरी एवं लाल टिड्डी

4. इटालीय एवं मोरक्को टिड्डी

5. साउथ अमेरिकाना टिड्डी

भारत में टिड्डी की चार प्रमुख जातियां ही कृषि फसलों एवं वनस्पतियों पर आक्रमण करती हैं जिनमें रेगिस्तानी टिड्डियों को सबसे खतरनाक और विनाशकारी माना जाता है। भारत में पायी जाने वाली टिड्डियां निम्नवत हैं:

1. रेगिस्तानी टिड्डी या मरूभूमि टिड्डी

2. बाम्बे टिड्डी

3. ट्री टिड्डी एवं

4. प्रवासी टिड्डी (इनके अन्तर्गत उपरोक्त वर्णित क्रम संख्या 2, 3 ,4 एवं 5 पर उल्लेखित टिड्डियां आती हैं)

रेगिस्तान या मरूभूमि टिड्डियों के झुंड ग्रीष्मकालीन मानसून के समय अफ्रीका से भारत आते हैं और पतझड़ के समय ईरान और अरब देशों की ओर चले जाते हैं। वहां से टिड्डियों का यह झुंड सीरिया, रूस,मिस्र और इजराइल जैसे देशों में चले जाते है। इसमें से कुछ झुंड पुनः भारत और दक्षिण अफ्रीका की ओर लौट आते हैं, जहां ये प्रजनन करके नयी पीढ़ी को जन्म देते हैं। मादा टिड्डी मिट्टी में गड्ढा या कोष्ठ बनाकर उसमें 20—100 अंडे तक देती है। गर्म जलवायु में ये अंडे 10—20 दिन के भीतर फूट जाते हैं और शिशु टिड्डियां निकल आती हैं जबकि ठंडी जलवायु में अंडे पूरे शीतकाल की

अवधि तक प्रसुप्तावस्था में बने रहते हैं। शिशु टिड्डियों का भोजन वनस्पतियां ही होती हैं और ये 5–6 सप्ताह में व्यस्क हो जाते हैं।

रेगिस्तानी टिड्डियां एशियाई एवं अफ्रीका देशों में वनस्पतियों, बाग–बगीचों तथा कृषि फसलों का विनाश कर देती है। टिड्डियों का आक्रमण हो जाने पर इनका नियंत्रण तथा फसलों एवं बाग–बगीचों को बचा पाना बहुत मुश्किल कार्य होता है। टिड्डियों के नियंत्रण के लिए कीटनाशकों का छिड़काव, विविध उपायों से तेज आवाज में शोर करना तथा उनके अंडों को नष्ट करना प्रभावी उपाय माने गए हैं। टिड्डियां पत्ते, फूल फल, बीज, मुलायम तने और उगती हुई फसलों को ही नहीं नुकसान पहुंचाते हैं बल्कि ये बड़े–बड़े पौधों को भी नष्ट कर देते है। प्रायः इनके झुंड इतने बड़े (लगभग 4 करोड़ टिड्डियां) होते हैं कि यदि यह पूरा झुंड एक साथ किसी कमजोर वृक्ष पर बैठ जाएं तो वह टूट सकता है।

टिड्डी दल एक दिन में 90 से 100 कि0 मी0 तक की दूरी तय कर लेता है। एक टिड्डी दल औसतन एक दिन में इतनी फसल और वनस्पतियां चट कर जाता है जितना 10 हाथी या 25 ऊँट या 2500 व्यक्ति खा सकते हैं। टिड्डियों को वैश्विक स्तर पर विश्व का सबसे विनाशकारी प्रवासी कीट माना जाता है। भारत में टिड्डियों के आक्रमण से बचाव कार्यों के लिए

टिड्डी चेतावनी संगठन (Locust Warning Organization) की स्थापना वर्ष 1939 में की गई थी।

अध्याय—8

मियावाकी पद्धति
(Miyawaki Method)

जापानी वनस्पति वैज्ञानिक और पर्यावरण विशेषज्ञ डॉ0 अकीरा मियावाकी द्वारा पौधरोपण की एक अभिनव पद्धति का आविष्कार किया गया है। इस पद्धति में छोटे—छोटे स्थानों में सघन रूप से पौधे रोपे जाते है जो बड़े स्थानों में रोपे गए पौधों की तुलना में दस गुना तेजी से बढ़ते है जिसके परिणामस्वरूप पौधरोपण स्थल सामान्य स्थिति से 30 गुना अधिक सघन होता है।

मियावाकी पद्धति में शहरों और अर्धशहरी क्षेत्रों में स्थित सरकारी कार्यालय परिसर, सरकारी एवं ग्राम पंचायती भूमि, घरों के आगे—पीछे खाली पड़ी भूमि तथा स्कूल—कॉलेजों में उनके भवनों के पीछे खाली पड़ी जमीनों में स्थानीय पौधों का सघन रोपण करके उन्हें 100 वर्ष पुराने जैसे लगने वाले घने जंगल जैसे बागान में बदलकर शहरी वनीकरण और हरीतिमा को बढ़ावा दिया जाता है। इस पद्धति में रोपण हेतु देशज एवं स्थानीय प्रजाति के पौधों का चयन किया जाता है। रोपण के लिए चयनित इन पौधों को एक—दूसरे से लगभग आधा फुट की दूरी पर रोपण किया जाता है। रोपित पौधों की वृद्धि सामान्य दूरी पर रोपित पौधों की तुलना में 30 गुना अधिक तेजी से होता है। जंगलों को पारम्परिक विधि से उगने

में 200–300 वर्ष लग जाते हैं जबकि मियावाकी पद्धति से वैसे ही जंगल 20–30 वर्षों में ही उगाए जा सकते हैं। इस पद्धति से रोपित पौधे वर्षा जल की हर बूंद को सहेज कर 10 गुना तेजी से जंगल के रूप में विकसित हो जाते हैं।

मियावाकी पद्धति के द्वारा 2 फुट चौड़ी और 30 फुट लम्बी भूमि के टुकड़े पर 100 से भी अधिक पौधे रोपे जा सकते हैं। इस पद्धति में पौधों को पास–पास रोपित करने से इस पर विपरीत मौसम का नगण्य प्रभाव पड़ता है जिसके कारण पौधे हरे–भरे बने रहते हैं। सम्पूर्ण विश्व को ठंडा रखने, ग्लोबल वार्मिंग, ग्रीन हाउस प्रभाव तथा जलवायु परिवर्तन जैसे संकटों से बचने के लिए वैश्विक स्तर पर सभी पृथ्वीवासियों को कम से कम एक लाख करोड़ (एक ट्रिलियन) पौधे प्रतिवर्ष रोपने होंगे और उनकी सुरक्षा भी करनी होगी। मियावाकी पौधरोपण पद्धति इसी सोंच के क्रियान्वयन को आगे बढ़ाती है। अर्बन फारेस्ट विकसित करने में मियावाकी पद्धति की सहायता से बहुत कम समय में तीन प्रकार के पौधों (1) झाड़ीनुमा, (2) मध्यम आकार के तथा (3) छांव देने वाले किस्मों) का रोपण करके इस लक्ष्य को प्राप्त किया जा सकता है। कम जगह में विकसित ये वन शहरी क्षेत्रों में ऑक्सीजन बैंक का कार्य करते हैं और वायु प्रदूषण को नियंत्रित करने महत्वपूर्ण भूमिका निभाते हैं।

अध्याय—9

बायोचार
(Biochar)

वैश्विक स्तर पर पर्यावरण की अनेकानेक मानवजनित विकराल समस्याओं यथा, ग्रीन हाउस प्रभाव, ग्लोबल वार्मिंग, सुनामी, भूकंप, भूस्खलन तथा जलवायु परिवर्तन आदि के कारण सम्पूर्ण मानव जाति के साथ—साथ सभी जीव—जन्तुओं का भी जीवन संकट में पड़ गया है।

'बायोचार' पर्यावरणीय प्रबन्धन के क्षेत्र में एक नवोन्मेषी तकनीक है। बायोचार 'बायोफर्टिलाइजर' (Biofertilizer) के 'बायो' तथा 'चारकोल' (Charcoal) के 'चार' शब्दों से मिलकर बना है। बायोचार उच्च कार्बन युक्त गहरे काले रंग का ठोस पदार्थ होता है। इसका उत्पादन प्रकृति में फैले अपशिष्ट पदार्थों, (विशेषकर कृषि अपशिष्ट पदार्थों यथा, धान, गेहूँ, ज्वार की भूसी, धान की पराली, अनेक कृषि फसलों की पत्तियां, डंठल, जड़ें तथा बागवानी में पौधों की काट—छांट से निकले तने एवं पत्तियां आदि) को उच्च तापमान पर आंशिक अवायवीय (ऑक्सीजन मुक्त) प्रक्रिया द्वारा तैयार किया जाता है। इस सम्पूर्ण प्रक्रिया को 'पायरोलिसिस' (Pyrolysis) कहा जाता है।

भारत की अर्थव्यवस्था कृषि आधारित है। भारत की लगभग 70 प्रतिशत जनसंख्या कृषि पर निर्भर है तथा देश के सकल घरेलू उत्पाद में लगभग 17.4 प्रतिशत कृषि का योगदान है। वैश्विक स्तर पर विशेषकर भारत में जनसंख्या विस्फोट की वृद्धि को देखते हुए किस प्रकार से सभी की खाद्यान्नों की आवश्यकताओं को पूरा किया जाए, यह एक गहन चिन्ता का विषय है। कृषि फसलों के अधिकाधिक उत्पादन के लिए वैश्विक स्तर पर रसायनिक उर्वरकों का धड़ल्ले से उपयोग हो रहा है जिसके कारण मृदा के भौतिक–रसायनिक एवं जैविक गुणों पर विपरीत प्रभाव पड़ रहा है तथा मृदा की उर्वरा शक्ति प्रभावित हो रही है। कृषि अपशिष्ट को बायोचार में परिवर्तित करके उसका उपयोग उच्चतम कृषि उत्पादन प्राप्त करने के लिए करने से पर्यावरण अनुकूल एवं किफायती लागत का कृषि उत्पाद प्राप्त किया जा सकता है। कृषि कार्यों में बायोचार के उपयोग से पर्यावरण स्वच्छ रहता है, कृषि अपशिष्ट पुनर्चक्रित होकर कृषि उपयोगी हो जाता है, जिससे मीथेन गैस (ग्लोबल वार्मिंग की एक प्रमुख गैस) तथा अन्य ग्रीन हाउस गैसों का उत्सर्जन न्यूनतम हो जाता है। मीथेन गैस प्रमुख रूप से धान के खेतों, डेयरी फार्मों, वन क्षेत्रों, तथा दलदली भूमि से उत्सर्जित होती है। बायोचार में मृदा की नमी बनाए रखने की क्षमता होती है। यह मृदा के कणों के घनत्व को कम करता है तथा मृदा उपयोगी सूक्ष्म जीवों की जनसंख्या घनत्व को बनाए रखने में मदद करता है। बायोचार में मिट्टी की अम्लता सिंचाई और रसायनिक उर्वरकों की

आवश्यकताओं को कम करके मृदा की गुणवत्ता में सुधार लाता है और मिट्टी के पोषक तत्त्वों का संरक्षण करता है।

पर्यावरणीय नैतिकताः मुद्दे एवं समाधान (Environmental Ethics: Issues and Possible Solutions)

विभिन्न पर्यावरणीय घटकों में मानव एक ऐसा घटक है जो कुछ हद तक अपने अनुरूप पर्यावरण में परिवर्तन करने की क्षमता रखता है। बड़े—बड़े उद्योगों एवं बहुराष्ट्रीय कंपनियों की स्थापना तथा सड़कों एवं हाइवे आदि के निर्माण हेतु वनों एवं वृक्षों की अंधाधुंध कटाई की गई है। विगत दशकों में जनसंख्या विस्फोट के कारण प्राकृतिक संसाधनों के अत्याधिक दोहन से पर्यावरण में असंतुलन की स्थिति उत्पन्न हो गई है जिसके परिणामस्वरूप पर्यावरण निम्नीकरण, जलवायु परिवर्तन, वैश्विक तापन तथा सुनामी जैसी अनेक समस्याओं का जन्म हुआ है।

क्या है पर्यावरण नैतिकता ?

ऐसे वे सभी मुद्दे, सिद्धान्त तथा दिशा—निर्देश जो यह निर्धारित करते हैं कि वैश्विक स्तर पर मनुष्य को अपने चारो ओर के पर्यावरण के साथ किस प्रकार का संबंध रखना चाहिए तथा उसके कैसा व्यवहार करना चाहिए, 'पर्यावरण नैतिकता' के अन्तर्गत निर्धारित होते है। वस्तुतः वैश्विक स्तर पर पर्यावरण विषयक विषम स्थिति मनुष्य की जीवन शैली में सन्निहित मानसिक एवं कार्यात्मक

सोंच का परिणाम है जो उसकी बाह्य एवं आंतरिक आवश्यकताओं के अनुरूप बदलती रहती है। यह सोंच दो प्रकार की हो सकती हैः

1. मानव केन्द्रित सोंच या मानव केन्द्रित वैश्विक विचार (Human Centeric Thinking or Anthropocentric World View)

इस प्रकार की सोंच में मनुष्य अपने को प्रकृति का नियंत्रक और भाग्य–विधाता समझने लगता है और जीवीय संसार की सूची में अपने को सबसे ऊपर रखता है। इस प्रकार की सोंच का स्रोकार केवल आर्थिक विकास एवं वृद्धि से होता है बगैर यह सोंचे कि इस विकास और वृद्धि से प्रकृति को कितनी हानि पहुंचेगी। यह पूर्णरूपेण एक नकारात्मक सोंच है।

2. भू–केन्द्रित सोंच या पारिस्थितिक–केन्द्रित वैश्विक विचार (Earth-Centric Thinking or Eco-Centric World View)

इस प्रकार की सोंच में जीव–अजीव जगत की सूची में प्रकृति को सबसे ऊपर इस सोंच के साथ रखा जाता है कि प्रकृति ही सभी जीव–अजीव की जन्मदाता, संरक्षक और पालनहार है। यह सोंच पूर्णरूपेण सकारात्मकता की ओर ले जाती है।

वैश्विक स्तर पर पर्यावरण को बचाने और उसे उसके मूल स्वरूप में रहने देने के लिए पर्यावरणीय नैतिकता या भू–नैतिकता से जुड़ी हुई समस्याओं और ज्वलंत प्रश्नों के समाधान के लिए समस्त

मानव जाति को कुछ दिशा–निर्देशों और नियमों का कठोरतापूर्वक पालन करना होगा जो कि निम्नवत हैं:

1. प्रकृति एवं भू–सम्पदा के प्रति लगाव रखना एवं उसका सम्मान करना।

2. पर्यावरण तथा भू–सम्पदा के रहस्यों के प्रति सम्मान प्रदर्शित करना।

3. प्राकृतिक संसाधनों तथा सम्पदा का आवश्यकतानुसार ही उपभोग करना और उनका किसी रूप से न तो दुरूपयोग करना और न ही उनको व्यर्थ करना ।

4. पर्यावरण को बगैर क्षति पहुंचाए या न्यूनतम क्षति के साथ मानव की आर्थिक उन्नति एवं समाज का सतत विकास करना।

5. प्राकृतिक संसाधनों पर सबकी समान हिस्सेदारी और भागीदारी के अटल नियम का पालन करना ।

6. पर्यावरण को सुरक्षित और संरक्षित बनाए रखने के लिए सतत प्रयत्नशील रहना।

अध्याय—11

पर्यावरण संरक्षण अधिनियम

(Environmental Protection Act)

पर्यावरण के समुचित संरक्षण एवं विकास के लिए समय—समय पर अनेक नियम, अधिनियम एवं कानून बनाए गए हैं जिससे कि जल, थल और नभ अपने अधिकतम प्राकृतिक स्वरूप में रह सकें। इसी के साथ—साथ पृथ्वी पर रहने वाले सभी जीव—जंतु और अजीवीय संसाधन भी सुरक्षित और संरक्षित रह सकें।

अधिनियम के उद्देश्य

इस कानून के मुख्य उद्देशय निम्नवत हैं—

1. पर्यावरण (जल, थल और नभ) के विकास, संरक्षण तथा सुधार के लिए सतत प्रयास करना।

2. पृथ्वी पर निवास करने वाले सभी जीव—जंतुओं यथा, मानव, वनस्पतियों, एवं जंतुओं के साथ—साथ अजीवीय सम्पदा को जोखिमपूर्ण रसायनों, पदार्थों और गैसों आदि से सुरक्षित एवं संरक्षित रखना।

3. जन साधारण (मनुष्यों) और उस के पर्यावरण और प्रकृति के मध्य सौहार्दपूर्ण एवं परस्पर निर्भरता के सम्बन्ध का विकास करना और उसे बनाए रखना।

पर्यावरण संरक्षण अधिनियम के अन्तर्गत केन्द्र सरकार के अधिकार एवं शक्तियां

इस अधिनियम के अन्तर्गत केन्द्र सरकार को पर्यावरण संरक्षण से जुड़े हुए कुछ विशेष अधिकार एवं शक्तियां प्राप्त होती हैं जो कि निम्नवत हैं:

1. राज्य सरकारों तथा केन्द्र सरकार के स्तर पर पर्यावरण संरक्षण से जुड़े हुए अधिकारियों तथा अन्य महत्वपूर्ण व्यक्तियों के बीच समन्वय बनाए रखना।

2. राष्ट्रीय स्तर पर पर्यावरण प्रदूषण के नियंत्रण हेतु सक्षम योजनाएं बनाना और उनके सफल क्रियान्वयन हेतु कार्यक्रम बनाना तथा उसे लागू करना।

3. पर्यावरणीय गुणवत्ता को बनाए रखने के लिए विभिन्न पर्यावरणीय मुद्दों के निवारण के लिए मानक निर्धारित करना।

4. उद्योगों से निकलने वाले प्रदूषित एवं हानिकारक जल, मलबा, धातुएं तथा गैसों आदि के सुरक्षित निस्तारण हेतु दिशा–निर्देश एवं मानक निर्धारित करना।

5. हानिकारक एवं संकटमय व्यर्थ उत्पादों एवं रेडियोधर्मी पदार्थों के सुरक्षित निस्तारण हेतु मानक निर्धारित करना।

6. ऐसे सभी क्षेत्रों का निर्धारण करना जहाँ किसी भी प्रकार के औद्योगिक कार्य और औद्योगिक प्रक्रियाएं नहीं सम्पन्न किए जा सकते हैं।

7. समय–समय पर सभी प्रकार की औद्योगिक इकाइयों, उत्पादन संयत्रों और उनके उत्पादों का पर्यावरणीय सुरक्षा मानकों का पालन करने के लिए नियम एवं दिशा– निर्देश जारी करना।

8. पर्यावरणीय प्रदूषकों एवं प्रदूषणों की जांच एवं प्रमाणीकरण के लिए वैज्ञानिक प्रयोगशालाओं की स्थापना करना।

9. पर्यावरणीय नियमों, अधिनियमों, मानकों एवं दिशा–निर्देशों का उल्लंघन करने वालों को दण्ड देने के लिए नियमों का निर्धारण करना।

उपरोक्त नियमों–अधिनियमों के अतिरिक्त भी इनकी एक लम्बी सूची है जिसके आधार पर प्रदूषण नियंत्रण विषयक अनेकानेक नियम–कानून भी बनाए गए हैं जो आवश्यकतानुसार समय–समय पर उपयोग में लाए जाते हैं।

वायुमण्डलीय प्रदूषण नियंत्रण एवं निरोध अधिनियम
(The Air: Prevention and Control Act)

प्रदूषक वे पदार्थ होते हैं जो मानव के विभिन्न क्रियाकलापों के कारण उत्पन्न होते हैं। ये ठोस अपशिष्ट पदार्थ, गैसें, धातुकंण, औद्योगिक प्रदूषक, कृषि प्रदूषक, प्रकाश–रसायनिक प्रदूषक और विकिरण प्रदूषक होते हैं। ये सभी प्रदूषक 'निम्नीकृत प्रदूषक वर्ग' (Degradable Pollutants Group)और (Non-Degradable Pollutants Group)तथा 'अनिम्नीकृत प्रदूषक वर्ग' के होते हैं। दन प्रदूषकों में संकटपयी पदार्थ (*Hazardous Substances*)भी मौजूद

रहते हैं। इन 'संकटमयी पदार्थों' को 'जीनोबायोटिक्स' (*Xenobiotics*) भी कहते हैं।

यह अधिनियम वायुमण्डल में होने वाले प्रदूषण का निरोध करने, उनको कम करने और उसका नियंत्रण करने वाले नियमों–अधिनियमों और दिशा–निर्देशों का गठन करके उसका पालन सुनिश्चित कराता है। इस अधिनियम के प्रमुख उद्देश्य निम्नवत हैं:

1. वायुमण्डलीय (वायु) प्रदूषण का निरोध, नियंत्रण तथा उसकी तीव्रता को कम करना।

2. वायु की गुणवत्ता को उसके प्राकृतिक स्वरूप में बनाए रखना।

3. केन्द्र तथा राज्यों के स्तर पर वायुमण्डलीय प्रदूषण के निरोध एवं नियंत्रण के लिए बोर्ड का गठन करना।

जल प्रदूषण : निरोध एवं नियंत्रण अधिनियम

(The Water: Prevention and Control of Pollution Act)

जल ही जीवन है। विश्व की अनेक प्राचीन सभ्यताएं जल स्रोतों के निकट ही विकसित हुई हैं। पिछली शताब्दी में जनसंख्या में तीव्र गति से हुई वृद्धि (जनसंख्या विस्फोट) तथा तीव्र गति से हुए औद्योगीकरण के फलस्वरूप नदी, नालों, झीलों, तालाबों, सागरों तथा भूगर्भीय जल में धीरे–धीरे ऐसे अनेक प्रदूषक तत्वों की मात्रा तेजी से बढ़ती गई जिसके परिणामस्वरूप ये सभी जल स्रोत

प्रदूषित हो गए। इस प्रदूषित जल के किसी–न–किसी रूप में उपभोग से मनुष्यों, जीव–जतुंओं तथा वनस्पतियों पर घातक प्रभाव पड़ा है। जलीय प्रदूषण–कारकों में घरेलू अपमार्जक (*Detergents*), वाहितमल(*Sewage*),औद्योगिक अपशिष्ट पदार्थों युक्त व्यर्थ जल (*industrial effuluents*),कीटनाशी रसायनिक पदार्थ (*insecticidal chemical substances*), चिकित्सालय अपशिष्ट पदार्थों युक्त व्यर्थ जल (*hospital waste effuluents*) तथा ताप एवं आण्विक बिजलीघर अपशिष्ट पदार्थों युक्त व्यर्थ जल (*thermal and nuclear power stations effuluents*) शमिल हैं।

यह अधिनियम जल स्रोतों में होने वाले प्रदूषणों का निरोध करने, उन्हे कम करने और उनका नियंत्रण करने वाले नियमों, अधिनियमों और दिशा–निर्देशों का गठन करके उसका पालन सुनिश्चित कराता है। इस अधिनियम के प्रमुख उद्देशय निम्नवत हैं:

1. जलीय स्रोतों के प्रदूषण का निरोध, नियंत्रण तथा उसे न्यूनतम स्तर पर ले जाना।

2. जल स्रोतों की प्राकृतिक गुणवत्ता को बनाए रखना।

3. केन्द्र तथा राज्यों के स्तर पर जलीय स्रोतों के प्रदूषण के निरोध, एवं नियंत्रण के लिए बोर्ड्स का गठन करना।

वन्य जीवन संरक्षण अधिनियम

(The Wild Life Protection Act)

सामान्यतया वन्य जीवन से तात्पर्य है अपने प्राकृतिक परिवेश में बिना किसी बाह्य हस्तक्षेप के निवास करने वाले सभी प्रकार के जीव–जंतु एवं सूक्ष्मजीव आते हैं। इनमें पालतू जीव–जन्तु नही शामिल होते हैं। वन्य जीव नवीकरणीय सम्पदा होते हैं। भारतीय संस्कृति का वन्य जीवन से बहुत घनिष्ठ सम्बन्ध है। हिन्दू धर्म के अनेक ग्रन्थों में अनेक पशु–पक्षियों की पूजा का उल्लेख है और अनेक पशु–पक्षी देवी–देवताओं के वाहन के रूप में वर्णित हैं। भारतीय संस्कृति में प्राचीन काल से ही जीवों की महत्ता को पहचान लिया गया था। वन्य जीवन नष्ट होने से प्रकृति का पारिस्थितिक संतुलन बिगड़ जाएगा जिसके फलस्वरूप धरा पर मानव का अस्तित्व भी खतरे में पड़ जाएगा। सभी **स्रो**तों एवं सभी स्तर के जीवों में मिलने वाली विविधता को जैविक विभिन्नता कहते हैं और वन्य जीव संरक्षण के लिए इस जैव विभिन्नता को बनाए रखना अति आवश्यक होता है।

वन्य जीवों का संरक्षण एक निर्विवाद विषय है। विभिन्न प्रकार के वन्य जीवों यथा, शेर, हिरण , हाथी, भालू, गैंडा, लोमड़ी, खरगोश, कछुआ, तथा सर्प आदि जीवों को उनके खाल, मांस, दाँत, अस्थियों तथा अन्य शारीरिक अंगों के लिए क्रूरतापूर्वक हत्या कर दी जाती है। इसी प्रकार विभिन्न पक्षियों, लिजार्ड्स तथा मेढक आदि

को भी उनके विभिन्न शारीरिक अंगों के लिए क्रूरतापूर्वक हत्या कर दी जाती है।

वन्य जीव संरक्षण अधिनियम 1972 एवं 2002 के मुख्य उद्देश्य निम्नवत है:

1. प्रकृति में निवास करने वाले सभी प्रकार के वन्य जीव–जंतुओं के अनुकूल प्राकृतिक आवास, आहार एवं प्रजनन के लिए उचित पारिस्थितिकी तंत्र का विकास करना और उसको संरक्षित किए रहना।

2. प्रकृति में मौजूद जैवविविधता को सुरक्षित और संरक्षित करना।

3. मानव उपयोग एवं उपभोग हेतु उपयोगी जीव–जंतुओं तथा वनस्पतियों एवं सूक्ष्मजीवों की सतत उपलब्धि हेतु उनको सुरक्षित एवं संरक्षित रखना।

अधिनियम के प्रमुख उद्देश्य

1. भारत सरकार द्वारा वर्ष 1975 में गठित 'वन्यजीवन सलाहकार बोर्ड' (*Wildlife Advisory Board*)का 'इंडियन बोर्ड ऑफ वाइल्ड लाइफ'**(Indian Board of Wildlife)**के रूप में पुनःर्गठन । इस बोर्ड का कार्य सम्पूर्ण देश में वन्यजीव संरक्षण के लिए कार्य करना है।

2. नागरिकों में वन्य जीवन के महत्व एवं संरक्षण के प्रति जागरूकता उत्पन्न करने के लिए प्रतिवर्ष 'वन्यजीवन सप्ताह' का आयोजन करना।

3. दुर्लभ, क्षति आशंकित (*endangered*) एवं संकटमयी (*threatened*) वन्य जीवों के स्थानीय व्यापार एवं निर्यात–आयात पर रोक लगाना।

4. राष्ट्रीय उद्यानों एवं अभ्यारण्यों की स्थापना करना।

5. राष्ट्रीय उद्यानों तथा अभ्यारण्यों के ऊपर आश्रित स्थानीय निवासियों तथा वनवासियों को वन्य जीवों के परिरक्षण (*preservation*), संरक्षण तथा देखभाल के कार्यों में भागीदार बनाना।

6. स्थानीय, राज्य स्तरीय तथा राष्ट्रीय स्तर की गैर–सरकारी संस्थाओं, सरकारी एजेन्सियों तथा अन्य संस्थाओं को नागरिकों में वन्य जीवन की सुरक्षा के प्रति जागरूकता उत्पन्न करने के कार्यों के लिए नियोजित करना।

7. वन्य जीवों को चोरी से पकड़ने तथा उनका शिकार करने के कार्यों को रोकने के लिए प्रभावी नीतियां एवं कार्य योजना बनाकर उनका प्रभावी ढंग से क्रियान्वयन करना।

वन संरक्षण अधिनियम (Forest Conservation Act)

वन एक जीवीय समुदाय है जिसमें वृक्ष (tree),क्षुप (shrub),शाक (herb), काष्ठीय (woody)या अकाष्ठीय (non-woody)प्रमुख वनस्पतियां होने के साथ–साथ औषधीय पौधे

(medicinal plants)तथा घासें (grasses) भी शामिल होती हैं। इनके अतिरिक्त वनों में अनेक प्रकार के जलीय पौधे (aquatic plants) भी होते हैं। वन किसी भी राष्ट्र की बहुमूल्य सम्पदा होते हैं। वन नवीकरणीय स्रोत होते हैं। वन सम्पदा मानव के लिए अनेक प्रकार से लाभदायक होते हैं जिसमें सबसे प्रमुख है जीवनदायिनी ऑक्सीजन गैस का उत्पादन ।

वन वायुमण्डलीय वायु को स्वच्छ करके वायुमण्डल में ऑक्सीजन की आवश्यक मात्रा को बनाए रखते हैं। वर्षा ऋतु में तथा तेज हवाओं या आंधियों के समय वायु एवं वर्षा जल के तीव्र वेग को रोककर वन मृदा अपरदन को रोकते हैं। वृक्षों के ऊपर अनेक प्रकार के जीव–जन्तु शरण लेते हैं और उनसे अपना भरण पोषण करते हैं। वन जैवविविधता के समग्र विकास और संरक्षण के आधारभूत केन्द्र होते हैं। वनों को सौन्दर्यात्मक महत्व होने के साथ–साथ उनका शैक्षिक महत्व भी होता है।

वन संरक्षण अधिनियम के प्रमुख उद्देश्य निम्नवत हैं:

1. वन्य भूमि और उससे जुड़ी हुई अपशिष्ट भूमि एवं जल स्रोत पूर्णतया सरकारी सम्पत्ति होती है।

2. वनों से प्राप्त होने वाले विभिन्न उत्पाद यथा काष्ठ, पत्ते, फूल, फल, शहद, रेजिन, गोंद तथा पशु उत्पाद आदि को सरकारी अनुमति और लाइसेंस के बिना कोई भी उसे न तो

प्राप्त कर सकता है और न ही उसकी निकासी कर सकता है।

3. वनों में अवैध रूप से वनों की कटान पर रोक लगाना और ऐसे अवैध कार्यों पर नजर बनाए रखना।

4. वन्य जीव–जन्तुओं को पकड़ना, उन्हे मारने (पोचिंग) की रोकथाम करना और ऐसे अवैध कार्यों में लिप्त व्यक्तियों या संगठनों के विरूद्ध कानूनी कार्यवाही करना।

5. वनों में खनिज पदार्थों के अवैध खनन को रोकना।

6. वन्य जीवों के लिए शुद्ध पेय जल की उपलब्धता बनाए रखना।

7. दुर्घटना ग्रस्त, रोगी या किसी भी कारण से घायल जीव–जंतुओं की चिकित्सा एवं देख–रेख करना।

8. वनों में लगने वाली आग के लिए सचेत रहना और उसकी रोकथाम करना।

9. दुर्लभ वृक्षों और वनस्पतियों के संरक्षण के लिए आवश्यक कार्यवाही करते रहना ।

10. वनों में अति पशुचारण को रोकना ।

11. वन्य भूमि पर अवैध खेती करने या मानव बस्ती बनाने के कार्यों की रोकथाम करना।

12. झूम खेती की परम्परा को रोकना।

13. समय–समय पर वन्य क्षेत्र में नए पौधों का रोपण करते रहना।

अध्याय—12

जनसंख्या वृद्धि

(Population Growth)

विश्व की सम्पूर्ण जनसंख्या का लगभग 17.7 प्रतिशत भाग भारत में निवास करता है जबकि वैश्विक भूभाग का मात्र 2.4 प्रतिशत भाग ही भारत के हिस्से में है।इस बेलगाम जनसंख्या वृद्धि के कारण देश की केन्द्र एवं राज्य सरकारों द्वारा किए जाने वाले विकास कार्यों के प्रभाव दिखाई ही नहीं देते हैं और सामाजिक उत्थान के लिए वे निष्प्रभावी साबित हो जाते हैं। भारत में जनसंख्या वृद्धि को मुख्य रूप से दो तत्व प्रभावित करते हैं। प्रथम तत्व 'बीमा' है अर्थात् अशिक्षित, अर्धशिक्षित तथा निम्न आय वर्ग के वे लोग जिनकी आय का स्रोत निश्चित नहीं हैं, इस आश्वस्ति के रूप में ज्यादा संतानें पैदा करते हैं कि उनके परिवार में कमाने वाले लोगों की संख्या अधिक हो। दूसरा तत्व है– हर हाथ को, चाहे वो अशिक्षित हो, अर्धशिक्षित हो या फिर शिक्षित हो, को रोजगार सुनिश्चित नहीं कराने वाली शिक्षा व्यवस्था और शासनतंत्र की व्यवस्था। जनसंख्यां वृद्धि के वर्तमान अनुमानों के अनुसार वर्ष 2050 तक विश्व की जनसंख्या में लगातार बढ़ोत्तरी होती जाएगी। जनसंख्या वृद्धि का एक प्रमुख कारण चिकित्सा और स्वास्थय

सुविधाओं का निरंतर समुचित विकास होना भी है जिसके कारण जीवन के अनेक स्तरों पर मृत्युदर में निरंतर गिरावट आयी है। इस तथ्य को दूसरे शब्दों में इस प्रकार से भी कहा जा सकता है कि–विकास वृद्धि की दर=जन्मदर–मृत्युदर। जनसंख्या वृद्धि पर प्रभावी रोक लगाने के लिए नागरिकों (स्त्री–पुरुष दोनो) को स्वास्थय तथा गर्भ निरोध के विविध उपलब्ध उपायों एवं प्रक्रियाओं की शिक्षा एवं जानकारी उपलब्ध कराने के साथ–साथ उन्हे परिवार, समाज एवं राष्ट्र के प्रति जिम्मेदारी निभाने के लिए जागरूक करना भी अति आवश्यक है।

वैश्विक रूप से विश्व के सभी देशों को मुख्यतः तीन श्रेणियों में वर्गीकृत किया जा सकता है: (1) विकसित देश (2) विकासशील देश और (3) अल्प विकसित देश। विकसित देशों यथा, अमरीका, जर्मनी, फ्रांस, कनाडा, जापान, ऑस्ट्रेलिया एवं यूरोपीय देशों में सम्पूर्ण विश्व की जनसंख्या का कुल 25 प्रतिशत भाग ही रहता है जबकि सम्पूर्ण विश्व की कुल सम्पदा को लगभग 80 प्रतिशत भाग पर इन देशों का प्रभुत्व है। इसके विपरीत विकासशील और अल्प–विकासशील देशों में कुल वैश्विक जनसंख्या का 75 प्रतिशत भाग निवास करता है, परन्तु वैश्विक सम्पदा का मात्र 20 प्रतिशत भाग ही इन देशों के पास है। लेकिन चूंकि विकसित देशों में जनसंख्या वृद्धिदर लगभग स्थिर रहती है। इसलिए इन देशों में सरकारों द्वारा किए जाने वाले विकास कार्यों का वहां के नागरिकों के जीवन पर सकारात्मक प्रभाव पड़ता है। इसके परिणामस्वरूप इन

देशों के नागरिकों का जीवन स्तर बहुत उत्तम स्तर का रहता है। दूसरी ओर विकासशील और अल्प विकासशील देशों में जनसंख्या दर में अनियंत्रित वृद्धि से सरकारों द्वारा किए जाने वाले विकास कार्य जनसंख्या वृद्धि की सुनामी में निष्प्रभावी हो जाते हैं जिसके परिणामस्वरूप नागरिकों का जीवन–स्तर मानकों से नीचे ही रह जाता है।

जनसंख्या में अनियंत्रित वृद्धि दर का सबसे विनाशकारी प्रभाव सबसे पहले और सबसे ज्यादा प्रकृति एवं पर्यावरण पर पड़ता है। बढ़ती जनसंख्या की भूख, वस्त्र, औषधियों एवं अन्य विभिन्न आवश्यकताओं की पूर्ति के लिए वन काटे जाते हैं। वनों की इस अनियंत्रित वैध–अवैध कटान से जीव–जंतुओं के आश्रय स्थल समाप्त हो जाते हैं और अनेक वनस्पतियां लुप्त हो जाती हैं और जैवविविधता का भी ह्रास होता जाता है।

जनसंख्या विस्फोट(Population Explosion)

तीव्र गति से बढ़ती हुई जनसंख्या हमें गम्भीरता पूर्वक यह विचार करने को विवश करती है कि इसे किस प्रकार नियंत्रित किया जाए। भारतवर्ष में सन्तानोपत्ति एक सबसे बड़ा कुटीर उद्योग बन गया है। भारत के शयनकक्ष, भारत के खेतों से कहीं अधिक उपजाऊ होते हैं। जनसंख्या की दृष्टि से भारत एक पंचवर्षीय योजना आगे चलता है और आर्थिक विकास की दृष्टि से दो पंचवर्षीय योजना पीछे चलता है (यद्यपि पंचवर्षीय योजना बनना अब

बंद हो गई है)। अनियंत्रित गति से बढ़ती हुई जनसंख्या के कारण देश में बेरोजगारी की समस्या जटिल होते जाने के साथ–साथ नित्य प्रति अनेक नयी–नयी सामाजिक एवं राजनीतिक समस्याएं भी पैदा होती जा रही हैं। भारत जैसे विश्व के अनेक विकासशील एवं अनेक अल्पविकासशील देशों में जनसंख्या विस्फोट का समाज के आर्थिक विकास एवं प्रत्येक नागरिक के जीवन स्तर पर निश्चित रूप से नकारात्मक प्रभाव पड़ता है। जनसंख्या की अनियंत्रित एवं अनियोजित वृद्धि को समय रहते यदि नियंत्रित नहीं किया गया तो यह प्रत्येक राष्ट्र द्वारा अपने देश के नागरिकों की प्रगति के लिए किए जाने वाले सभी विकास कार्य रेत पर कुछ लिखे जाने के समान होंगे जिसे जनसंख्या विस्फोट की लहरें निष्प्रभावी कर देंगी। जनसंख्या विस्फोट की ये सुनामी प्राकृतिक संसाधनों पर विनाशकारी प्रभाव डालती हैं। जनसंख्या विस्फोट का दुष्प्रभाव किसी न्यूक्लियर विस्फोट से कही ज्यादा भंयकर होता है।

परिवार कल्याण कार्यक्रम(Family Welfare Programme)

परिवार कल्याण कार्यक्रम के मुख्य उद्देश्यों में जनसंख्या पर नियंत्रण और नियोजन होने के साथ–साथ नागरिकों को गुणवत्तापरक स्वास्थ्य सुविधाएं प्रदान करना है। ये सभी कार्यक्रम किसी विशेष समूह या किसी विशेष श्रेणी तक ही सीमित नहीं होते हैं और इन कार्यक्रमों में देश के सभी नागरिकों को सुविधाएं प्रदान करने का प्रावधान होता है। परिवार कल्याण कार्यक्रम मुख्यतः केन्द्र

सरकार द्वारा वित्तपोषित एवं प्रायोजित कार्यक्रम होते हैं। इन कार्यक्रमों के अन्तर्गत आने वाली सेवाओं को राष्ट्रीय स्तर पर राज्य सरकारों, प्राथमिक स्वास्थ्य केन्द्रों और स्वास्थ्य सेवाओं से जुड़े हुए विभिन्न अन्य संगठनों और गैर–सरकारी संगठनों (*NGO*)के सहयोग से लागू किया जाता है।

जनसंख्या विस्फोट के कारण स्वास्थ्य, पर्यावरण, खाद्यान्नों एवं अन्य खाद्य–पदार्थों की उपलब्धता, स्वच्छ पेय जल, चिकित्सा सुविधाएं तथा आवास जैसी मूलभूत आवश्यकताओं से जुड़ी हुई अनगिनत भीषण समस्याएं जन्म लेती हैं। ये सभी समस्याएं किसी भी राष्ट्र के विकास की ऊर्जा को क्षीण करके अनुर्वर बना देती हैं। इन सभी जटिल समस्याओं को कम करने या उनसे छुटकारा पाने के लिए प्रभावी निर्णय लेना और सभी प्रकार के परिवार कल्याण कार्यक्रमों के सफल क्रियान्वयन के लिए योजनाबद्ध ढंग से कार्य करना अत्यंत आवश्यक होता है। परिवार कल्याण के इस प्रकार के प्रभावी कार्यक्रम निम्नलिखित हो सकते हैं:

1. जनसंख्या विस्फोट को प्रभावी रूप से नियंत्रित एवं नियोजित करना।
2. स्वास्थ्य सेवाओं, परिवार नियोजन, बाल कल्याण एवं स्वास्थ्य कार्य, जननी सुरक्षा, संक्रामक रोगों से सुरक्षा जैसे कार्यक्रमों पर नियोजित रूप से कार्य करके उन्हें सफल बनाना।

3. मानव स्वास्थ्य को बेहतर बनाने के लिए औषधियों का उत्पादन बढ़ाना तथा उन्हें सर्वसुलभ बनाना।

4. परिवार नियोजन कार्यक्रम का पालन करने वाले नागरिकों को 'ग्रीन कार्ड' तथा अन्य कुछ विशिष्ट सुविधाएं प्रदान करना जिससे कि लोग इस कार्यक्रम के प्रति आकर्षित हो सकें।

5. दूर–दराज के गावों तक मानव जीवन एवं स्वास्थ्य को उत्तम बनाने के लिए योजनाएं बनाना और उनका सफल क्रियान्वयन करना।

6. नागरिकों के उत्तम स्वास्थ्य एवं उन्हें पौष्टिक भोजन उपलब्ध कराने के लिए खाद्यान्नों, फलों और सब्जियों आदि सहित सभी प्रकार के भोज्य पदार्थों का उत्पादन बढ़ाने के लिए प्रभावी योजनाएं बनाना।

7. विभिन्न संक्रामक रोगों के प्रभावी नियंत्रण के लिए प्रतिरक्षाकरण कार्यक्रमों को कड़ाई से लागू करना।

8. गर्भ–निरोधकों की निःशुल्क आपूर्ति और सामाजिक विपणन कार्यक्रम को विशेष रूप से निम्न आय वर्ग के अन्तर्गत आने वाले लोगों में लक्षित करना।

9. अवैध एवं अवांछित गर्भपात को सुरक्षित बनाना एवं उसे कानूनी रूप देना।

संचार माध्यमों के द्वारा परिवार कल्याण कार्यक्रमों के प्रति जागरूकता

(Media Awareness for Family Welfare Programmes)

हिन्दी का 'संचार माध्यम' या 'जन माध्यम' शब्द ही अंग्रेजी में 'मीडिया' (*media*) कहलाता है। मीडिया शब्द लैटिन भाषा के शब्द 'मीडियम' (*medium*) का बहुवचन है। मीडिया का सामान्य अर्थ 'संचार माध्यम' होता है जो मुख्यतः दो प्रकार का होता है—(1) प्रिंट मीडिया (*print media*) और (2) इलेक्ट्रानिक मीडिया (*electronic media*)। मीडिया, सूचनाओं और आंकड़ों को संरक्षित करने वाले उपकरण अथवा सामूहिक संचार हैं जो सामान्य रूप से संचार के विभिन्न साधनों को सन्दर्भित करता है। संप्रेषण के माध्यम के रूप में आधुनिक संचार माध्यम विभिन्न प्रकार के प्रारूपों (*formats*) में उपयोग किए जाते हैं। इनमें मुख्य रूप से प्रिंट मीडिया (जैसे– अनेकानेक भाषायी समाचार पत्र–पत्रिकाएं, पुस्तकें, हैण्डबिल, पैम्फलेट, ब्रोशर तथा पोस्टर्स आदि आते हैं), अनेकानेक डिजिटल माध्यम (जैसे, दूरदर्शन (*television*), फिल्में (जैसे व्यावसायिक एवं सामाजिक फिल्में, विज्ञापन फिल्में आदि), इंटरनेट, वीडियोगेम्स, मोबाइल फोन्स तथा अनेक प्रकार के सॉफ्टवेयर आदि) आते हैं। सूचना सम्प्रेषण के कुछ परम्परागत माध्यम भी अनेक स्तरों पर संचार सम्प्रेषण में महत्वपूर्ण भूमिका निभाते हैं। इनमें दीवारों पर सूचना लिखना (*wall writing*) तथा लाउडस्पीकर यंत्र (*loudspeaker*) भी सूचना प्रसारण में अति महत्वपूर्ण भूमिका

निभाते हैं। समाज में अनेकानेक प्रकार की सूचनाओं के प्रसारण तथा प्रचार–प्रसार में संचार माध्यम महत्वपूर्ण, प्रभावी और आवश्यक भूमिका निभाने के साथ–साथ समाज के चौकीदार (*watchdog*) की महत्वपूर्ण भूमिका का भी निष्पादन करते रहते हैं।

परिवार कल्याण के विभिन्न कार्यक्रमों के प्रति समाज के विभिन्न वर्गों में जागरूकता पैदा करने के लिए पूर्व वर्णित सभी संचार माध्यमों का उपयोग किया जाता है। लेकिन इन संचार माध्यमों, विभिन्न भाषायी समाचार पत्रों और दूरदर्शन के माध्यम से परिवार कल्याण विषयक विभिन्न उपयोगी जानकारियां प्रसारित–प्रचारित करने के पूर्व विषय–विशेषज्ञों की राय अवश्य ली जानी चाहिए जिससे किसी भी कार्यक्रम के विषय में सटीक और उचित जानकारी संप्रेषित हो सके। समाज में शिक्षित और अशिक्षित, दोनों प्रकार के लोग होते हैं शिक्षित वर्ग के लिए तो विभिन्न आधुनिक संचार माध्यम बहुत प्रभावी होते हैं लेकिन अशिक्षित वर्ग के लिए लोकल संचार माध्यम जैसे लाउडस्पीकर एवं संपर्क विधियां ही प्रभावी और उपयोगी होती हैं।

अध्याय—13

पर्यावरण और मानव स्वास्थ्य

(*Environment and Human Health*)

प्राकृतिक दशाओं में वातावरणीय प्रदूषकों द्वारा पारितंत्र (*ecosystem*) पर पड़ने वाले प्रतिकूल प्रभावों को 'पर्यावरणीय विषालुता विज्ञान' (*Ecotoxicology*) कहते हैं। वर्तमान में रसायनों एवं भौतिक तत्त्वों का पारितंत्र के जीवों पर पड़ने विषालु प्रभावों के साथ—साथ उनके प्रक्रमों का भी अध्ययन किया जाता है। आजकल वह समस्त पर्यावरण, जिसमें जीव—जन्तु रहते हैं, के प्रदूषित होने की गति बहुत तीव्र हो गयी है। इस पर्यावरणीय प्रदूषण या पर्यावरणीय विषालुता के लिए मानव जाति ही पूर्णरूपेण उत्तरदायी है। इस पर्यावरणीय विषालुता के कारण समाज में नित्य—प्रति स्वास्थ्य सम्बन्धी अनेक भीषण समस्याएं उत्पन्न होती जा रही हैं। कृषि, बागवानी, औद्योगिक कारखानों तथा चिकित्सा संस्थानों आदि क्षेत्रों तथा घरों में अनेकानेक प्रकार के रसायनों का प्रयोग तेजी से बढ़ रहा है। इन सभी क्षेत्रों के विषालु रसायन बिना संसाधित अपशिष्ट पदार्थों के रूप में सीधे मृदा, जल संसाधनों एवं वायुमण्डल में विसर्जित कर दिए जाते हैं। वैश्विक स्तर पर सभी जीव—जन्तुओं को अपने जीवन—चक्र के प्रत्येक स्तर पर विभिन्न रूपों में इन प्रदूषकों का सामना करना पड़ रहा है जिसके फलस्वरूप धीरे—धीरे इनके भीतर विषालुता के लक्षण विकसित होने लगते हैं और इनका

जीवन–चक्र अनेक रूपों में प्रभावित होता है। विभिन्न प्रदूषक पदार्थों के कारण पर्यावरण का भी सतत रूप से निम्नीकरण हो रहा है जिसे 'पर्यावरणीय विषालुता' (*Environmental Toxicology*) कहते हैं।

वैश्विक स्तर पर मानव सहित अन्य सभी जीव–जन्तुओं के पर्यावरण में निरंतर हो रहे अनेकानेक प्रकार के अवांछित परिवर्तनों के फलस्वरूप अनेक नए रोगों का जन्म होने के साथ–साथ पहले से मौजूद रोग–व्याधियों की संक्रमण दर तथा उसकी तीव्रता दर में बहुत वृद्धि हो जाती है। इन अवांछित परिवर्तनों में सामाजिक–आर्थिक (socioeconomic) तथा सांस्कृतिक परिवर्तनों (Cultural Changes) का बाहुल्य होता है जिसके कारण मानव जीवन में अनेक प्रकार की विसंगतियां एवं तनाव उत्पन्न होने लगते हैं जो अंततोगत्वा उसके स्वास्थ्य पर बहुत प्रतिकूल प्रभाव डालते हैं और अनेक रोग–व्याधियों को जन्म देते हैं।

वैश्विक स्तर पर किसी भी राष्ट्र के नागरिकों के स्वास्थय की गुणवत्ता केवल उस देश के चिकित्सकों, स्वास्थ्य सेवाओं के तंत्र तथा स्वास्थ्य संस्थानों एवं केन्द्रों की संख्या पर ही निर्भर नही करती हैं बल्कि उस देश के स्वच्छ पर्यावरण, शुद्ध पारितंत्र, पौष्टिक भोजन, उस देश के नागरिकों द्वारा अपनायी जा रही जीवन–शैली तथा उनके द्वारा अपने आस–पास के परिवेश को स्वच्छ रखने की आदतों पर भी निर्भर करती है।

'पारितंत्रीय   पर्यावरण'(*Ecological Environment*)तथा
'सांस्कृतिक   पर्यावरण'(*Cullural Environment*) की स्थितियों
तथा उसकी गुणवत्ता के आधार पर समाज में व्याप्त रोग–व्याधियों
को मुख्य रूप से तीन वर्गों में वर्गीकृत किया जा सकता है:

(1) संक्रामक या संचारी रोग (2) प्रमुख संक्रामक या प्रमुख संचारी
रोग तथा,   (3) गैर संक्रामक या गैर–संचारी रोग

1. संक्रामक या संचारी रोग
(*Infectious or Transmissible Diseases*)

इस वर्ग के रोग शीतोष्ण (*temperate*)देशों में बहुलता से
पाए जाते हैं और ये रोग मानव आवासीय स्थानों एवं क्षेत्रों के
आस–पास निम्नस्तरीय स्वच्छता होने एवं स्वास्थ्य नियमों की उपेक्षा
करने तथा दैनिक जीवन में स्वास्थ्य के प्रति लापरवाही पूर्ण
जीवन–शैली के कारण उत्पन्न होते हैं। संक्रामक रोग विभिन्न प्रकार
के विषाणुओं (*viruses*), जीवाणुओं (*bacteria*), फफूंद
(*fungi*), प्रोटोजोआ (*protozoa*) तथा अन्य विभिन्न प्रकार के
परजीवी (*parasites*) जीवों के द्वारा उत्पन्न होते हैं। इनमें से
अनेक जीव या तो मानव शरीर के भीतर या फिर शरीर के ऊपर
निवास करते हैं। संक्रामक रोगों का एक व्यक्ति से दूसरे व्यक्ति में
फैलने की क्षमता होती है। इसीलिए इन रोगों को छुआछूत का रोग
(*Communicable Diseases*)भी कहा जाता है।

संक्रामक रोगों के जीव नग्न आंखों से दिखाई नही देते हैं। ये हवा, पानी, भोजन (खाद्य–सामग्रियों) तथा आपसी सम्पर्क से फैलते हैं। संक्रामक रोगों में मुख्य रूप से छोटी चेचक या खसरा (*small pox*), हैजा (*cholera*), डेंगू ज्वर (*dengue fever*), हेपेटाइटिस (ए,बी,सी,डी,ई प्रकार) (*hepatites – A, B, C, D, E, types*), इनफ्लुएंजा (*enfluenza*), तपेदिक या टीबी(*tuberculosis*),पीलिया (*jaundice*) तथा कोविड–19 (*corona*) आदि रोग प्रमुख हैं। कुछ और रोग (जैसे कि टेटेनस (*tetanus*)यद्यपि जीवाणु जनित है परन्तु यह रोग आपसी संपर्क से नही फैलता है। परम्परागत रूप से इन्हे भी संक्रामक रोग वर्ग में रखा जाता है।

2. प्रमुख संक्रामक रोग (*Major Infectious Diseases*)

इस प्रकार के संक्रामक या संचारी रोग उष्णकटिबंधीय देशों (*tropical countries*)में प्रमुखता से पाये जाते हैं। इस वर्ग के संक्रामक रोग फैलने में जीवाणुओं (*bacteria*), विषाणुओं (*viruses*), प्रोटोजोआ (एक सूक्ष्म परजीवी) (*protozoa*) तथा कुछ विशेष प्रकार के जन्तुओं की भूमिका प्रमुखता से होती है। प्रमुख संक्रामक रोगों में जीवाणु–जन्य रोगों में कॉलरा (*cholera*), मियादी बुखार या टॉयफाइड (*typhoid*), भोजन विषाक्तता (*food poisoning*), विषाणु–जन्य रोगों में पीत ज्वर (*yellow fever*), लासा ज्वर (*lasa fever*),सूक्ष्म परजीवी रोगों

में मलेरिया (*malaria*), फाइलेरिया (*filaria*), फीलपांव (*elcphantiasis*), अमीबा–जन्य पेचिश (*amoebic dysentry*) तथा परजीवी जन्तु–जन्य रोगों में गोल कृमि–जन्य एस्कारियासिस (*ascariasis*), अंकुश कृमि (*hookworm*) संक्रमण आदि प्रमुख हैं। इन रोगों के अलावा एड्स, कोविड–19 (कोरोना), स्वाइन फ्लू तथा बर्ड फ्लू आदि भी विषाणु–जन्य प्रमुखतम संक्रामक रोग हैं।

3. गैर–संक्रामक या गैर–संचारी रोग

(*Non – Infectious or Non – Communicable Diseases*)

ऐसे सभी वे रोग जो एक व्यक्ति से दूसरे व्यक्ति में आपसी सम्पर्क या छुआछूत से नही संचारित होते हैं, गैर संक्रामक या गैर–संचारी रोग कहलाते हैं। ये वे रोग हैं जो मुख्यतः व्यक्ति की आयु के मध्य में या बुढ़ापे की आयु (50 वर्ष से अधिक आयु) के व्यक्तियों में प्रभावी होते हैं। वैश्विक स्तर पर अधिकांश गैर–संचारी रोग मानव मृत्यु का प्रमुख कारण बनते हैं। इन रोगों में ऑस्टियोपोरोसिस (*osteoporosis*), आस्टियो–आर्थराइटिस (*osteoarthritis*), मधुमेह (*diabetes*), मोटापा (*obesity*), गुर्दे के रोग (*kidney diseases*), उच्च रक्तचाप (*high bloodpressure*), अल्जाइमर (*alzheimer*), पार्किन्सन (*parkinson*) रोग, अधिकांश हृदय रोग (*most heart diseases*), अधिकांश कर्कट रोग

(*most cancer diseases*), मोतियाबिन्द (*cataract*), तनाव (*hypertension*) आदि प्रमुख हैं।

सांस्कृतिक आधार पर होने वाले सामाजिक परिवर्तन, अत्याधिक घनी आबादी, अत्याधिक उद्योगीकरण, अत्याधिक मशीनीकृत कृषि एवं बागवानी तथा अत्याधिक मशीनीकृत व्यस्त जीवन शैली के कारण अल्प–विकसित, विकासशील एवं विकसित, तीनों ही प्रकार के देशों में संचारी एवं गैर–संचारी प्रकृति के रोग अधिकता एवं तीव्रता से फैलते हैं। वैश्विक स्तर पर 80 प्रतिशत से अधिक रोग दूषित जल के माध्यम से ही फैलते हैं। विकासशील एवं अल्प–विकसित देशों में पर्यावरण (जल, थल एवं वायु) प्रदूषण अत्याधिक तथा अनियंत्रित होने के कारण, रोगों का संक्रमण प्रायः भयावह रूप ले लेता है। मानव सभ्यता में पर्यावरणीय प्रदूषण के कारण वैश्विक स्तर पर अनेकानेक महामारियां और त्रासदियां पूर्व में घटित हो चुकी हैं जिसमें देश के भोपाल शहर में हुई गैस कांड त्रासदी अत्यंत ही भयावह उदाहरण है। वैश्विक स्तर पर अनेक देशों एवं असामाजिक संगठनों के मध्य होते रहने वाले युद्ध, आतंकवादी घटनाएं तथा अनेक प्रकार के आण्विक परीक्षणों के कारण भी पर्यावरणीय प्रदूषण निरंतर भयावह स्थिति में पहुंचता जा रहा है। मानव जीवन और उसके अच्छे स्वास्थ्य के लिए यह नितांत आवश्यक है कि पर्यावरण का विभिन्न स्तरों पर सतत निगरानी कार्यक्रम (*monitoring programme*)चलता रहे जिससे कि

पर्यावरण में होने वाले बदलावों के प्रति सजग रहकर, उसके प्रति सुधार एवं जागरूकता कार्यक्रम समय–समय पर चलाए जा सकें।

इन कार्यों के साथ–साथ पर्यावरणीय प्रबंधन (*environmental management*)तथा पर्यावरणीय शिक्षण (*environmental education*) एवं जागरूकता कार्यक्रम भी चलाया जाना नितांत आवश्यक होने के साथ–साथ समय की मांग भी है। पर्यावरणीय प्रबंधन एक अंतर्विषयक उपगम (*interdisciplinary approach*) है जो संसाधन (*resource*), संरक्षण (*conservation*) और पुनर्चक्रण (*recycling*) के आधारभूत सिद्धान्तों पर कार्य करता है। प्रबंधन का मुख्य आधार यह है कि पर्यावरण पर मानवीय गतिविधियों और क्रियाकलापों का न्यूनतम कुप्रभाव पड़े तथा प्राकृतिक और गैर–प्राकृतिक संसाधनों का आवश्यकता से अधिक उपभोग या अनावश्यक उपभोग तथा दुरूपयोग किए जाने की प्रवृत्ति को नियंत्रित किए जाने जैसे कदम उठाए जा सकें।

पर्यावरणीय शिक्षण इसलिए भी अत्यंत आवश्यक है जिससे कि पर्यावरण के प्रति समाज में जागरूकता और लगाव उत्पन्न किया जा सके और समाज में यह भावना उत्पन्न की जा सके कि समाज के प्रत्येक व्यक्ति तथा समाज का प्रत्येक उपभोक्तावादी आचरण उसके परितंत्र को छिन्न–भिन्न कर देता है। पर्यावरणीय शिक्षण को मुख्यतः पर्यावरण विज्ञान(environmental science)और पर्यावरणीय अभियांत्रिकी(environmental engineering)विषयों की

आधारभूत शिक्षा प्रदान करने के साथ–साथ उसके संचार में दक्षता (*communication skill*)की विस्तृत शिक्षा के द्वारा कियार्न्वियित किया जाना चाहिए। इन विधाओं को अपनाकर पर्यावरण को मानव स्वास्थ्य के साथ सहजता से जोड़कर समाज को जागरूक एवं शिक्षित किया जा सकता है।

पर्यावरणीय शिक्षा (Environmental Education)

वर्तमान में वैश्विक स्तर पर पर्यावरण तथा जीवमण्डल से सम्बन्धित उत्पन्न हो चुकी या उत्पन्न हो रही नित नवीन समस्याओं का एकमात्र कारण सिर्फ मानवीय गतिविधियाँ हैं। इन पर्यावरणीय समस्याओं के प्रति समाज के सभी वर्गों यथा, शिक्षित, अशिक्षित, ग्रामीण या शहरी, स्त्री या पुरूष को समान रूप से जागरूक करना एवं उन्हें पर्यावरणीय शिक्षा देना अति आवश्यक है। इस पर्यावरणीय शिक्षा एवं जागरूकता कार्यों के उद्देश्य निम्नवत् होने चाहिए–

1. अपने आस–पास की वनस्पतियों जीव–जन्तुओं, उनके पारितंत्र तथा सामान्य पर्यावरण के विषय में जानकारी प्रदान करना एवं उनके प्रति जागरूकता उत्पन्न करना।

2. समाज के सभी वर्गों को प्राकृतिक संसाधनों (जीवीय एवं अजीवीय) का संरक्षण करना, उनका आवश्यकतानुसार उपयोग करना तथा उनके दुरूपयोग को रोकने के लिए सभी को प्रेरित एवं शिक्षित करना।

3. स्थानीय पारितंत्र एवं पर्यावरण में मौजूद उपयोगी वनस्पतियों एवं जीव–जन्तुओं के विलुप्तप्राय या विलुप्त हो जाने से होने वाली हानियों के बारे में समुचित जानकारी प्रदान करना।

4. स्थानीय एवं राष्ट्रीय जैवविविधता की महत्ता के बारे में जानकारी उपलब्ध कराना और उसके संरक्षण के लिए जागृत एवं प्रेरित करना।

5. अपने पर्यावरण एवं पारितंत्र के अनुकूल अपने अर्जित ज्ञान, सभ्यता एवं रीति–रिवाजों को बनाए रखना।

अध्याय—14

महत्वपूर्ण वैश्विक पर्यावरणीय एवं सामाजिक आपदाएं

(Memorable Global Environmental & Social Disasters)

मानवजन्य एवं प्राकृतिक (Manmade and Natural)

वैश्विक स्तर पर मानव सभ्यता ने अपने विकास के अनेक कालखण्डों में अनेकानेक प्राकृतिक एवं मानवजन्य आपदाओं का सामना किया है और उन पर विजय प्राप्त करके आज सभ्यता के वर्तमान सोपान पर खड़ी है। मानव सभ्यता के विभिन्न कालखण्डों में घटित कुछ महत्वपूर्ण वैश्विक आपदाएं निम्नवत् है :

1. किलर स्मोग आपदा (Killer Smog Disaster)

किलर स्मोग की आपदा बेल्जियम (Belgium)में वर्ष 1930 में, डेन्नोरा पेन्निसिलवेनिया (Dennora Pennysylvania)में वर्ष 1948 में, लंदन (London) में 1952 एवं 1962 में तथा न्यूयार्क (New York)में वर्ष 1953, 1963 एवं 1966 में घटित हुई थी। विभिन्न वर्षों में तथा अलग—अलग भौगोलिक क्षेत्रों में घटित इस 'किलर स्मोग' आपदा में सल्फर डाई आक्साइड गैस और प्रदूषणकारी पार्टीकुलेट

मैटर्स के कारण हजारों लोगों की दर्दनाक मृत्यु हो गई थी। इस आपदा के कारण लंदन में 4,000 व्यक्तियों की, बेल्जियम में 52 तथा डेन्नोरा पेन्निसिलवेनिया में 17 व्यक्तियों की आकस्मिक मृत्यु हो गई थी। इस आपदाजन्य मृत्यु में शहर में घूमने–फिरने वालों तथा वाहन सवारों की संख्या सबसे अधिक थी।

2. इताई–इताई रोग आपदा (Itai-Itai Disease Disaster)

इस रहस्यमय रोग का प्रादुर्भाव जापान में 'जिन्सटु'(Jinstu)नदी के किनारे बसे गांवों के निवासियों में वर्ष 1947 में हुआ था। इस रहस्यमय रोग के कारण हजारों गांववासियों की दर्दनाक मृत्यु हो गई थी और जो व्यक्ति मरने से बच गए थे,उनके शरीर के अस्थिपंजर (skelton)विकलांगता के शिकार हो गए। इस रहस्यमय रोग से ग्रसित प्रौढ़वय की स्त्रियों को जो संतानें पैदा हुई, अस्थियों के ह्रास के कारण वे भी विकलांग पैदा हुई। इस रहस्यमय रोग के ऊपर शोध करने पर यह चौंकाने वाला तथ्य सामने आया कि यह भयंकर रोग कैडमियम धातु की विषाक्तता के कारण उत्पन्न हो रहा है। विस्तृत शोध से यह तथ्य सामने आया कि उन गांवों के निकट स्थित जिंक की खदान से निकलने वाला व्यर्थ जल 'जिन्सटु' नदी में प्रवाहित किया जाता था। खदान से निकलने इस व्यर्थ जल में अपशिष्ट के रूप में कैडमियम की भारी मात्रा मौजूद रहती थी। आस–पास के गांववासी 'जिन्सटु' नदी के जल से अपनी धान की फसल की सिंचाई किया करते थे। नदी के जल में मौजूद कैडमियम धान में अवशोषित होती रहती थी। कैडमियम विषाक्ततायुक्त इस धान से प्राप्त चावल

को खाने के कारण गांववासी इस रहस्यमय रोग के शिकार हो गए जिसे 'इताई–इताई' रोग का नाम दिया गया।

3. मिनामाटा आपदा (Minamata Disaster)

जापान की 'मिनामाटा खाड़ी' के आस–पास के क्षेत्रों में रहने वाले गांववासी मिनामाटा खाड़ी से पकड़ी गई मछलियों तथा शेलफिश को खाने से अचानक 'ब्रेन डैमेज' (brain damage)और 'लकवा' (paralysis) के शिकार होने लगे। वर्ष 1950 के दशक के छह वर्षों से अधिक समय में मिनामाटा खाड़ी के आस–पास के क्षेत्रों के लगभग 400 व्यक्तियों की इस रहस्यमय बीमारी से मृत्यु हो गई और 2000 से अधिक व्यक्ति ब्रेन डैमेज के शिकार होकर स्थायी रूप से अभिशप्त एवं दर्दनाक जीवन जीने को मजबूर हो गए। इस रहस्यमय रोग के कारणों की जांच–पड़ताल करने एवं शोध करने पर यह पता चला कि 'ब्रेन डैमेज' और 'लकवा' का यह रहस्यमय रोग खाड़ी के पानी में 'मरकरी' (पारा) की विषाक्तता के कारण उत्पन्न हो रहा था। खाड़ी के पानी में मरकरी विषाक्तता के कारणों की खोज करने पर पता चला कि मिनामाटा खाड़ी के निकट स्थित रसायन उत्पादन करने वाली एक फैक्ट्री द्वारा खाड़ी जल में अपशिष्ट के रूप में डाली गई मरकरी को खाड़ी के जल में उपस्थित जीवाणु तेजी से रसायनिक क्रिया करके उसे तुरंत 'मेथिल मरकरी' में परिवर्तित कर देते थे जिसके दुष्प्रभाव से मनुष्यों में ब्रेन डैमेज और लकवा जैसे घातक रोग उत्पन्न

हो जाते थे। इस भयावह घटना से उस समय समस्त विश्व समुदाय का ध्यान नदियों, समुद्रों, झीलों तथा अन्य जल स्रोतों को रसायनिक प्रदूषण से बचाने की ओर गया। अन्ततोगत्वा वैश्विक दबाव के कारण वर्ष 1917 में उस रसायन उत्पादक कम्पनी ने रोग से प्रभावित व्यक्तियों के पुनर्वास तथा उनके जीवन–यापन आदि कार्यों के लिए तथा मिनामाटा खाड़ी के जल को 'मेथिल मरकरी' से मुक्त करने के लिए 50 करोड़ पौंड की धनराशि खर्च की।

4. **लव कैनाल आपदा (Love Canal Disaster)**

वर्ष 1940 तथा 1950 के दशक में लगभग 21,800 टन औद्योगिक रसायनिक अपशिष्ट का निस्तारण करने के लिए उसे बड़े–बड़े ड्रमों में भरकर और विधिवत सील करके, उन्हें अमेरिका के नियाग्रा जलप्रपात के निकट स्थित 'लव कैनाल' में गहरी खाइयां (trenches)खोदकर उन्हीं में दबा दिया गया। लेकिन कुछ वर्षों बाद इन ड्रमों में जंग लग जाने के कारण वे जगह–जगह से टूट गए जिसके परिणामस्वरूप उनमें भरा हुआ रसायनिक अपशिष्ट पदार्थ निकल–निकल कर 'लव कैनाल' के जल में घुलता–मिलता रहा। लव कैनाल के आस–पास रहने वाले निवासी इस रसायनिक प्रदूषण से अनजान वर्षों तक इसी प्रदूषित जल को अपने दैनिक जीवन के कार्यों में उपभोग करते रहे जिसके परिणामस्वरूप उनके गुणसूत्रों (chromosomes) में विघटन (chromosomal damage) नामक रहस्यमय रोग

शुरू हो गया। क्रोमोसोम डीएन के लम्बे धागे होते हैं जो किसी भी जीव का आनुवंशिक कोड रखते हैं। क्रोमोसोम ही आनुवंशिक गुणों का एक पीढ़ी से दूसरी पीढ़ी में संवहन करते हैं। क्रामोसोम विघटन आपदा की जानकारी होते ही इसे वर्ष 1978 में 'लव कैनाल आपदा' घोषित कर दिया गया और उस प्रभावित क्षेत्र के सभी 239 परिवारों को विस्थाापित करके उन्हें अन्यत्र बसाया गया, और उनकी चिकित्सा का प्रबन्ध किया गया। इसी के साथ—साथ लव कैनाल में दबे रसायनिक अपशिष्टों के ड्रमों को निकालने का भी कार्य प्रारम्भ किया गया।

5. सेवेसो आपदा (Seveso Disaster)

11 जुलाई, 1976 को इटली के सेवेसो शहर में स्थित एक रसायनिक फैक्ट्री में भीषण विस्फोट हो जाता है। इस विस्फोट में फैक्ट्री के गोदाम में रखे हुए अत्यन्त विषाक्त रसायन 'डायोक्सिन'(Dioxin) की दो किलोग्राम मात्रा का विषाक्त कोहरा पूरे शहर में फैल जाता है। डायोक्सिन रसायन मनुष्यों सहित सभी अन्य जीव—जन्तुओं के लिए भी अत्यन्त ही विषाक्त होता है। इस रसायनिक आपदा के कारण लगभग 37,000 शहरवासी और अनगिनत पशु—पक्षी भीषण रूप से प्रभावित हुए। विषाक्त रसायन के कुप्रभाव से बचाव के लिए सेवेसो शहर के 18,000 हेक्टेयर क्षेत्र को पूरी तरह खाली कराकर वहाँ सभी प्रकार के कार्यों के लिए

अगले छह वर्षों तक के लिए कठोर प्रतिबन्ध लगा दिया गया।

6. बेसल आपदा (Basel Disaster)

स्विट्जरलैंड की सांस्कृतिक राजधानी कहे जाने वाले शहर 'बेसल' में स्थित 'सैन्डोज' कम्पनी के रसायनिक पदार्थों के गोदाम में भीषण आग लग जाने के परिणामस्वरूप 90 विभिन्न प्रकार के विषाक्त रसायनों के जलने के कारण उनकी लगभग 1300 टन मात्रा शहर के वातावरण में और 'राइन'(Rhine) नदी के जल में पहुंच गई। वातावरण में विषाक्त रसायनों की यह मात्रा धुएं के रूप में पहुंची और राइन नदी में रसायनों की यह मात्रा फायर ब्रिगेड द्वारा आग को बुझाने के लिए उपयोग किए गए जल के द्वारा पहुंची। इसी के साथ–साथ गोदाम के आस–पास की भूमि और वहां का भूमिगत जल भी फायर ब्रिगेड द्वारा उपयोग किए गये जल के कारण प्रदूषित और विषाक्त हो गया। विषाक्त रसायनों के कारण सैकड़ों किलोमीटर तक प्रदूषित हुई। राइन नदी में जलचर जीव एवं जलीय वनस्पतियां पूर्णतया नष्ट हो गईं। रसायनिक विषाक्त के कारण राइन नदी में लगभग 400 किलोमीटर लम्बाई के क्षेत्र में 'बेन्थिक जीव' (Benthic organisms)*और ईल (Eel)मछलियां पूरी तरह से समाप्त हो गईं। इस विषाक्तता आपदा के फलस्वरूप मृत हो गयी ईल मछलियों का कुल भार लगभग 200 टन था।

*बैन्थिक जीव :

'बेन्थिक' शब्द की व्युत्पत्ति ग्रीक भाषा के शब्द 'बेन्थोस' (Benthos) या 'बेन्टोन'(Bentone) से हुई है जिसका शाब्दिक अर्थ है 'समुद्र की गहराई' । जलीय सूक्ष्म जीवों के सन्दर्भ में 'बेन्थोस' शब्द का उपयोग सर्वप्रथम हिक्केल (Haeckel)द्वारा वर्ष 1891 में किया गया था। समवेत रूप से बेन्थिक जीव उन जीवों को कहते हैं जो समुद्री तटों, नदियों, झीलों तथा निरन्तर प्रवाहमान अन्य जल स्रोतों के भीतर, ऊपर या इनके निकट स्थायी रूप से रहते हैं। इन क्षेत्रों को 'बेन्थिक जोन'(Benthic Zone) के नाम से जाना जाता है। ये बेन्थिक जीव 'क्लाम्स' (Clams), 'वर्म्स'(Worms), 'ओयस्टर्स ' (Oysters)तथा 'श्रिम्प' (Shrimp) होते हैं और ये सभी अति सूक्ष्म माइक्रोस्कोपिक जीव होते हैं। इन्हें कड़े खोल वाले संधिपाद जीवों (Crustacean)के वर्ग में वर्गीकृत किया जाता है।

उपरोक्त सभी बेन्थिक जीव जल स्रोतों के किनारों पर अपना जीवन व्यतीत करने वाले जन्तुओं के लिए, भोजन उपलब्ध कराने वाले स्रोत के रूप में जाने जाते हैं। बेन्थिक जोन में पाए जाने वाले अधिकांश बेन्थिक जीव 'अपमार्जक' (scavenger)या 'डेट्रीटिवोर्स' (detritivores)होते हैं। किसी

भी प्रकार के जल स्रोत में बेन्थिक जीवों की उपस्थिति का प्रतिशत उस जल स्रोत की गुणवत्ता का निर्धारण करता है।

7- एमोको कैडिज ईंधन छलकाव आपदा (Amoco Cadiz Oil Spill Disaster)

खनिज तेल के परिवहन कार्य हेतु उपयोग आने वाला फ्रांस का सुपरटैंकर 'एमोको कैडिज' जलयान मार्च 17–18, 1978 में फ्रांस के ब्रिट्टनी समुद्र तट के किनारे पर कम पानी वाले स्थान में फंस गया जिसके कारण टैंकर से लगभग 2,28,000 टन खनिज ईंधन समुद्री जल में छलक कर गिर गया। खनिज ईंधन तेल की इतनी बड़ी मात्रा के समुद्री जल में गिरने से समुद्री किनारे का लगभग 300 कि0मी0 लम्बाई का क्षेत्र भीषण रूप से प्रदूषित हो गया। इस प्रदूषण के कारण 33 विभिन्न प्रजातियों के समुद्री पक्षियों की लगभग 20,000 पक्षियों की तत्काल मृत्यु हो गई। इसके साथ–साथ समुद्री जलचर जन्तुओं की 30 प्रतिशत जनसंख्या और समुद्री वनस्पतियों की 5 प्रतिशत वनस्पतियों का जीवन बहुत बुरी तरह प्रभावित हुआ। यह एक भीषण मानवजन्य आपदा थी।

8. एक्जॉन वाल्डेज ईंधन छलकाव आपदा (Exxon Valdez Oil Spill Disaster)

संयुक्त राज्य अमेरिका के 'एक्जॉन शिपिंग कम्पनी' का क्रूड खनिज तेल वाहक सुपर टैंकर 'एक्जॉन वाल्टेज' 24 मार्च 1989 को अलास्का (अमेरिका) के समुद्री तट में कम पानी

वाले स्थान में फंस जाने के कारण , उसमें से लगभग 36,000 टन तेल छलक कर अलास्का समुद्र के स्वच्छ और निर्मल जल में बिखर गया। समुद्री जल में गिरे इस खनिज तेल के कारण समुद्री पारितंत्र (Sea ecosystem)बुरी तरह से प्रदूषित और प्रभावित हो गया। इस प्रदूषणीय आपदा के कारण विभिन्न प्रकार के लगभग 36,000 जलीय पक्षियों, लगभग 1000 जलीय उदबिलावों और 153 बाजों की तत्काल मृत्यु हो गई। इसी के साथ—साथ एक करोड़ से भी अधिक सुमद्री पक्षी, लगभग 3000 उदबिलाव और लगभग 5000 गिद्धों का जीवन बुरी तरह से प्रभावित हुआ।

9. **बीक रिफाइनरी विस्फोट आपदा (Beak Refinery Blast Disaster)**

हालैंड के 'बीक' शहर में स्थित एक रिफाइनरी में वर्ष 1975 में एक भीषण विस्फोट हुआ जिसके परिणामस्वरूप 'प्रोपाइलिन' गैस की बहुत बड़ी मात्रा वहां के वायुमण्डल में फैल गई और बीक शहर का वातावरण बहुत विषाक्त हो गया। इस विषाक्त वातावरण के कारण सौ से अधिक नागरिकों की तत्काल मृत्यु हो गई और कई हजार नागरिक गैसजन्य विभिन्न रोगों के शिकार हो गए। रिफाइनरी के आस—पास के प्रभावित क्षेत्रों के 5000 से भी अधिक नागरिकों का जीवन सुरक्षित रखने के लिए उन्हें विस्थापित करके दूसरे सुरक्षित स्थान पर बसाया गया। प्रोपाइलीन

गैस विभिन्न रसायनिक एवं प्लास्टिक उद्योगों में वृह्द स्तर पर उपयोग में आती है।

10. माहुल रिफाइनरी विस्फोट आपदा (Mahul Refinery Blast Disaster)

भारत पेट्रोलियम की पूर्वी बम्बई (अब मुम्बई) की चेम्बूर और माहुल स्थित दोनों रिफाइनरियों में अक्टूबर 1988 को भीषण विस्फोट हुए। इन दोनों रिफाइनरियों में 'बेन्जीन' नामक घातक रसायन का भण्डारण किया जाता था। इस विस्फोट के उपरान्त भण्डारित बेन्जीन का पूरा स्टॉक विस्फोट से आग लगने के कारण अगले 36 घण्टे तक निरन्तर जलता रहा जिसके परिणामस्वरूप बम्बई के अधिकांश भाग बेन्जीन गैस और विस्फोट जनित धुएं के बादल से पूरी तरह ढक से गए थे। मुम्बई की लगभग आधी जनसंख्या इस विषाक्त गैस और धुएं के चपेट में आ गई थी। इस भयानक विस्फोट में 33 व्यक्ति जिन्दा ही जल गए थे और गैस से प्रभावित नागरिकों का जीवन भयानक कष्टों में बीता। बेन्जीन एक पॉलीन्यूक्लियर हाइड्रोकार्बन (polynuclear hydrocarbon) है और विषाक्त होने के साथ–साथ यह एक सक्षम कैंसरजनक हाइड्रोकार्बन (potential carcinogenic hydrocarbon) भी है।

11. भोपाल गैस आपदा (Bhopal Gas Disaster)

संयुक्त राज्य अमेरिका की 'यूनियन कार्बाइड पेस्टीसाइड कम्पनी' द्वारा भारत के भोपाल शहर में एक पेस्टीसाइड

उत्पादन संयत्र लगाया गया। इस संयत्र में 'कार्बमेट' रसायन आधारित कीटनाशकों के निर्माण में उपयोग आने वाले कार्बनिक पदार्थ 'मेथिल आइसोसायनेट' (methyl isocyanate),जिसे संक्षेप में 'मिक'(mic) के नाम से भी जाना जाता है, का उत्पादन वृहद स्तर पर होता था। मिक बहुत विषाक्त रसायन होता है। कीटनाशकों के उत्पादन के अलावा मिक का उपयोग रबड़ एवं चिपकने वाले पदार्थों (adhesives) के व्यापारिक उत्पादन हेतु भी किया जाता है। वर्ष 1984 की 2–3 दिसम्बर की रात को यूनियन कार्बाइड के इस संयत्र से अचानक बहुत बड़ी मात्रा में मिक गैस का रिसाव शुरू हो गया जिसके दुष्प्भाव से शहर के 15,000 से अधिक नागरिकों, जिनमें बच्चे भी थे, की मृत्यु कुछ ही देर में हो गई। इसके अतिरिक्त अनेकानेक स्रोतों द्वारा दी गई जानकारियों के अनुसार लगभग 8,000 अन्य नागरिकों की मृत्यु रिसी हुई गैसजन्य अन्य विभिन्न रोग–व्याधियों के कारण हुई थी। मिक गैस के रिसाव के कारण लगभग 5,58,125 व्यक्ति सीधे तौर पर प्रभावित हुए थे जबकि आंशिक रूप से प्रभावित होने वालों की संख्या लगभग 38,478 थी। एक अन्य रिपोर्ट के अनुसार लगभग 4,000 व्यक्ति तो पूरी तरह से शारीरिक अपंगता के शिकार हो गए थे।

भोपाल की इस गैस त्रासदी को मानव समुदाय और उसके पर्यावास को सबसे ज्यादा प्रभावित करने वाली औद्योगिक दुर्घटनाजनित आपदाओं में माना जाता है। इस सम्पूर्ण घटना में 45–60 मिनट समय के बीच में लगभग 30 मीट्रिक टन मिक गैस का रिसाव हुआ था। इस विषैली गैस का प्रवाह उस समय भोपाल शहर के दक्षिण पूर्वी दिशा में था। मिक गैस के रिसाव के उपरान्त गैस के बादल में फॉस्जीन, हाइड्रोजन सायनाइड, कार्बन मोनो–आक्साइड तथा हाइड्रोजन क्लोराइड जैसी अति विषैली एवं प्राणघातक गैसों के भी अवशेष पाए गए थे।

मिक गैस के रिसावजन्य आपदा से भोपाल के लगभग 5 लाख 58 हजार से भी अधिक नागरिक सीधे तौर पर प्रभावित हुए थे जिसमें दो लाख लोग 15 वर्ष की आयु से भी कम आयु के थे और लगभग 30 हजार गर्भवती स्त्रियां भी थी। मिक गैस के दुष्प्रभाव के कारण घटित त्रासदी के बहुत वर्षों के बाद तक नवजात शिशुओं में जेनेटिक डैमेज (genetic damage) के दुष्प्रभाव देखने को मिलते रहे हैं।मिक गैस के रिसाव का जीव–जन्तुओं तथा वनस्पतियों पर हुए दुष्प्रभावों का कोई रिकार्ड या अध्ययन उपलब्ध नहीं है।

12-   चेरनोबिल परमाणु आपदा (Chernobyl Nuclear Disaster)

चेरनोबिल परमाणु दुर्घटना 26 अप्रैल 1986 को यूक्रेन के चेरनोबिल परमाणु संयत्र में हुई थी। यह मानव इतिहास की सबसे भयानक परमाणु दुर्घटना है। चेरनोबिल परमाणु पावर संयत्र यूक्रेन की राजधानी कीव से लगभग 130 कि0मी0 उत्तर में प्रिपरोट शहर में स्थित था। यूक्रेन उस समय सोवियत संघ का एक राज्य था। यह आपदा चेरनोबिल परमाणु संयत्र में एक प्रणाली के परीक्षण के दौरान संयत्र के चौथे भाग में तब शुरू हुई जब वहां विद्युत उत्पादन में अचानक से बढ़ोत्तरी शुरू हो गई और जब उस आपातकालीन स्थिति के कारण उसे बंद करने के प्रयास किए गए तो उल्टे विद्युत्त उत्पादन में अत्याधिक वृद्धि शुरू हो गई। इसके परिणामस्वरूप एक संयत्र टूट गया और अनियंत्रित नाभकीय विस्फोट श्रृंखला शुरू हो गई। इन घटनाओं से संयत्र में लगे ग्रेफाइट्स में आग लग गई जिसके कारण तेज हवा और आग के साथ रेडियोधर्मी पदार्थ (radioactive radiation) तीव्र गति से आस–पास के वातावरण में फैलते चले गए। एक रिपोर्ट के अनुसार संयत्र के विस्फोट के तुरन्त बाद रेडियोधर्मी विकिरण फैलने से संयत्र में कार्यरत कर्मचारियों में से 32 लोगों की तत्काल मृत्यु हो गयी और दर्जनों व्यक्ति रेडियोधर्मी विकिरण के कारण बुरी तरह से झुलस गए थे। रेडियोधर्मी पदार्थों के

वातावरण में मुक्त हो जाने के कारण भारी संख्या में जान—माल की क्षति हुई और लगभग 3,50,400 लोगों को विस्थापित करके दूसरे सुरक्षित स्थानों पर बसाया गया। रेडियोधर्मिता के कारण आस—पास के क्षेत्रों में असंख्य पशु—पक्षियों की मृत्यु हो गयी। विकिरण प्रभावित क्षेत्र में कुछ वनस्पतियां और पशु—पक्षी ऐसे भी पाए गए जिनमें रेडियोएक्टिव पदार्थ सीजियम—137 का स्तर सामान्य से बहुत अधिक था। विस्फोट के बाद चेरनोबिल संयत्र के आस—पास के क्षेत्रों में रेडियोधर्मी तत्व इतना अधिक मात्रा में फैल गया था, जितना कि जापान के हिरोशिमा और नागासाकी शहरों पर द्वितीय विश्व युद्ध के समय अमेरिका द्वारा गिराये गए परमाणु बमों से भी नहीं पैदा हुआ था। इस त्रासदी से सर्वाधिक रूप से सोवियत संघ का तत्कालीन बेलारूस राज्य प्रभावित हुआ था।

यद्यपि चेरनोबिल हादसा वर्ष 1986 में हुआ था। लेकिन उसके 19 वर्षों बाद वर्ष 2005 में 'संयुक्त राष्ट्र संघ' द्वारा जारी एक रिपोर्ट के अनुसार इस त्रासदी में लगभग 4,000 व्यक्तियों की मृत्यु रेडियोधर्मी विकिरणों के सम्पर्क में आने के कारण हुई थी। चेरनोबिल हादसा इस बात का प्रत्यक्ष प्रमाण और संकेत है कि परमाणु संयंत्रो को वैज्ञानिक मापदण्डों पर चलाने और रख—रखाव नहीं करने के परिणाम कितने भयंकर और त्रासद हो सकते हैं।

अध्याय—15

दुर्भिक्ष आपदा

(Famine Disaster)

आयरलैंड का आलू दुर्भिक्ष (*Irish Potato Famine*)

19वीं शताब्दी में यूरोपीय देश आयरलैंड खेती—किसानी करने वाला देश था और उसकी 70 प्रतिशत से अधिक जनसंख्या का मुख्य भोजन आलू था। आयरलैंड में आज से 175 वर्ष पहले वर्ष 1845—1849 के बीच पूरे देश की आलू की फसल एक फफूंदजन्य रोग के कारण पूरी तरह से बरबाद हो गई थी। वर्ष 1845 से 1849 के बीच आलू की फसल में 'पछेती झुलसा' (*late blight*) नामक कवकजन्य रोग का लगातार आक्रमण होते रहने के कारण वहा दुर्भिक्ष पड़ गया और लोग भूखों मरने लगे।

आलू का 'पछेती झुलसा' रोग 'फाईटोफ्थोरा इन्फेसटेन्स' (Phytophthora infestans) नामक फफूंद से होता है। आलू की फसल पर इस रोग के आक्रमण के कारण जमीन के ऊपर आलू के पौधे और जमीन के अन्दर के आलू के कंद, दोनो ही नष्ट हो जाते हैं। रोग के प्रभावी आक्रमण होने पर आलू के पौधे पूरी तरह से इस प्रकार नष्ट हो जाते हैं जैसे कि वे आग से झुलस गए हों और जमीन के नीचे पड़े कंद सड़ जाते हैं जिसके कारण वे

अखाद्य हो जाते हैं। आयरलैंड में इस रोग के प्रकोप के पूर्व, यह रोग पूरे यूरोप में फैल चुका था। लेकिन इसका सबसे भयंकर दुष्प्रभाव आयरलैंड पर ही पड़ा। आयरलैंड में झुलसा रोग का सबसे भयंकर प्रभाव वर्ष 1947 में देखने को मिला जिसके कारण आयरलैंड के इतिहास में वर्ष 1947 को 'ब्लैक 47' (Black 47) कहा जाता है। आयरलैंड में रोगग्रस्त होकर आलू की फसल खराब होने का ये सिलसिला पूरे सात वर्षों तक लगातार चलता रहा और सात वर्षों बाद यह सिलसिला वर्ष 1952 में जाकर रूका। तब तक भुखमरी और सड़े आलू खाने से आयरलैंड के 10 लाख से ज्यादा निवासियों की मृत्यु हो चुकी थी और अन्य लगभग 10 लाख नागरिक आस–पास के दूसरे देशों में शरणार्थी के रूप में विस्थापित हो गए थे।

आयरलैंड में पड़े इस दुर्भिक्ष को वैश्विक स्तर पर 'ग्रेट आयरिश फेमिन' (Great Irish Famine), 'आयरिश पोटेटो फेमिन' (Irish Potato Famine), 'फेमिन ऑफ 1845–49*(Famineof 1845-49)तथा 'ग्रेट हंगर' (Great Hunger)जैसे अनेक नामों से जाना जाता है। इस भीषण दुर्भिक्ष के कारण आयरलैंड का जनसंख्यकीय (demographic)तथा राजनीतिक और सांस्कृतिक परिदृश्य ही बदल गया। दुर्भिक्ष के दुष्प्रभाव में विभिन्न कारणों से आयरलैंड की जनसंख्या में 20–25 प्रतिशत तक की कमी आ गयी। आयरलैंड के आलू की फसल का 'पछेती झुलसा

रोग' वैश्विक स्तर पर इस वैज्ञानिक तथ्य का एक सुप्रसिद्ध (या कुप्रसिद्ध) उदाहरण है कि नग्न आंखों से दिखाई नहीं पड़ने वाली एक फफूंद ने एक भयंकर फसल रोग उत्पन्न करके, कैसे उसने एक देश के इतिहास की धारा ही बदल दी।

अध्याय—16

भारत में दुर्भिक्ष का इतिहास
(History of Famine in India)

किसी भी जनसंख्या के लिए भोज्य पदार्थों की कमी या तो भोज्य पदार्थों के उत्पादन में आयी कमी या फिर उनके रख–रखाव और वितरण की अव्यवस्थाओं के कारण होता है। यह स्थिति प्राकृतिक जलवायु के उतार–चढ़ावों और दमनकारी सरकार की नीतियों या फिर युद्ध से सम्बन्धित चरम राजनीतिक परिस्थितियों के कारण और भी बदतर हो सकती है। दुर्भिक्ष, भोजन की अनुप्लब्धता का एक व्यापक प्रभाव है जो किसी भी जीव पर लागू हो सकता है। दुर्भिक्ष के कारण लोग अपने आहार और उससे जुड़ी आदतों को बदलने पर विवश हो जाते हैं। भारत में दुर्भिक्ष का इतिहास बहुत पुराना है। देश में वर्ष 1022 से लेकर वर्ष 1033 के बीच कई बार दुर्भिक्ष पड़ा है जिसके कारण बड़ी संख्या में लोगों की मृत्यु हुई थी। वर्ष 1860 के बाद देश में 25 बड़े दुर्भिक्ष पड़े है। वर्ष 1876, 1899, 1943—44, 1957 तथा वर्ष 1966 के दौरान भी दुर्भिक्ष ने देश में तबाही मचायी थी।

अन्तर्राष्ट्रीय स्तर के शोध जर्नल 'द लैन्सेट'(The Lancet)में वर्ष 1901 में प्रकाशित एक शोध में यह बताया

गया था कि 18वीं शताब्दी के अन्त तक भारत का काफी बड़ा भू–भाग 'ईस्ट इंडिया कम्पनी' के प्रत्यक्ष या अप्रत्यक्ष शाासन के अधीन आ चुका होगा। इसके बाद जैसे–जैसे भारत में पहले 'कम्पनी राज' और फिर सीधे ब्रिटिश क्राउन राज में अंग्रेजी शासन का प्रभुत्व बढ़ता गया, भारत में दुर्भिक्ष की आपदाएं भी नाटकीय तौर पर बढ़ती गईं। इसी शोध जर्नल में प्रकाशित एक आकलन के अनुसार वर्ष 1891–1901 के ब्रिटिश शासन के दौरान भारत में एक करोड़ 90 लाख लागों की मृत्यु दुर्भिक्ष और दुर्भिक्षजन्य अनेक महामारियों के कारण हुईं। भारतकी स्वतंत्रता से पहले आगरा में वर्ष 1837–1838 तक का समय दुर्भिक्ष की प्रमुख घटनाओं में गिना जाता है। इस दुर्भिक्ष से पहले देश के विभिन्न भागों में अलग–अलग वर्षों यथा, 1803 से 1804, 1813 से 1814, 1819, 1825 से 1826, 1827 से 1828 और 1832 से 1833 के दौरान या तो बहुत दुर्भिक्ष आए या दुर्भिक्ष जैसी स्थितियां उत्पन्न हुई थी। वर्ष 1830 के दशक में आई आर्थिक मंदी, अल–नीनो के सम्भावित दुष्प्रभाव और विभिन्न पारिस्थितिक परिवर्तनों ने भी दुर्भिक्ष पर व्यापक प्रभाव डाला। इन सभी दुर्भिक्षजन्य आपदाओं ने भारतीय आर्थिक इतिहास के लिए एक निर्णायक मोड़ का कार्य किया। दुर्भिक्षजन्य आपदाओं के कारण लोग कृषि कार्यों को छोड़कर अन्य व्यापारिक कार्यों को अपनाने लगे थे। यद्यपि

देश के स्वतंत्र हो जाने के बाद भी देश को अनेको बार दुर्भिक्ष का सामना करना पड़ा है।

वर्ष 1869 का राजपुताना दुर्भिक्ष (Great Rajputana Famine of 1869)

वर्ष 1869 में पड़े इस दुर्भिक्ष को 'बुंदेलखण्ड दुर्भिक्ष' के नाम से भी जाना जाता है। इस दुर्भिक्ष से राजपूताना, मेवाड़ तथा अजमेर क्षेत्र वृहद स्तर पर प्रभावित हुए थे। इन क्षेत्रों के साथ—साथ गुजरात, उत्तरी डेक्कन जिले, जबलपुर संभाग, आगरा, बुंदेलखण्ड संभाग तथा तत्कालीन पंजाब का हिसार संभाग भी इस दुर्भिक्ष से प्रभावित हुए थे। इस दुर्भिक्ष से लगभग 7 लाख 70 हजार कि0मी0 (लगभग एक लाख 96 हजार वर्ग मील) में निवास कर रही लगभग 4 करोड़ 45 लाख जनसंख्या प्रभाावित हुई थी। इतने विशाल स्तर पर फैले इस दुर्भिक्ष का मुख्य कारण मानसून का समय पर नहीं आना तथा मानसून आने पर बहुत कम वर्षा का होना था। समय पर अच्छी वर्षा नहीं होने से भूगर्भीय जल स्तर बहुत नीचे चला गया था। वर्षा के अभाव में लोग और पशु—पक्षी भोजन, पानी और चारे के लिए दर—दर भटक रहे थे। दुर्भिक्ष वाले क्षेत्रों में भुखमरी के साथ—साथ लोग महामारी जैसे अनेक गम्भीर रोगों से भी मर रहे थे।

वर्ष 1896—97 का भारतीय दुर्भिक्ष (Indian Famine of 1896 - 97)

यह दुर्भिक्ष वर्ष 1896 के प्रारम्भ में बुंदेलखण्ड से शुरू हुआ था लेकिन धीरे—धीरे यह तत्कालीन संयुक्त प्रांत, मध्य प्रांत और बरार, बिहार, बाम्बे और मद्रास के कुछ क्षेत्रों सहित, देश के कई भागों में फैल गया। इन भू—भागों के साथ—साथ इस दुर्भिक्ष से पंजाब के कुछ भाग, राजपुताना, मध्य भारत साहित हैदराबाद तक की कुछ रियासतें प्रभावित हुईं। इस दुर्भिक्ष ने दो वर्षों के दौरान लगभग 3 लाख 70 हजार वर्ग मील (लगभग 8 लाख कि0मी0) क्षेत्र में फैलकर लगभग 6 करोड़ 95 लाख की जनसंख्या को प्रभावित किया। इस दुर्भिक्ष के कारण अकेले ब्रिटिश नियंत्रित क्षेत्रों में लगभग 10 लाख लोगों की मृत्यु हो गई। भुखमरी से मृत्यु के साथ—साथ हजारो लोग अनेक संक्रामक रोगों यथा, मलेरिया, तपेदिक (टयूबरकुलोसिस) और हैजा से भी मर गए। यह दुर्भिक्ष कृषि कार्यों एवं परिवहन के लिए उपयोग में आने वाले बैलों के लिए भी बहुत विनाशकारी सिद्ध हुआ था।

बंगाल का भीषण दुर्भिक्ष (Great Famine of Bengal)

भारत में ब्रिटिश राज के समय वर्ष 1943—1944 के दौरान बंगाल (जिसकी सीमा उस समय वर्तमान बांग्ला देश, भारत का वर्तमान पश्चिम बंगाल, बिहार और उड़ीसा तक था) में एक भयानक दुर्भिक्ष पड़ा जिसमें लगभग 30 लाख लोगों की भूख से तड़प—तड़पकर दर्दनाक मृत्यु हो गई थी। यह द्वितीय विश्व युद्ध

(1943) का आखिरी वर्ष था। ऐसा माना जाता है कि इस दुर्भिक्ष का कारण चावल के उत्पादन में अचानक बहुत कमी आ जाना था। चावल उत्पादन में कमी आने के दो प्रमुख कारण– (1) धान की फसल में वृहद स्तर पर एक फफूंद जन्य रोग 'हेलमिन्थोस्पोरियम लीफ स्पॉट' (Helminthosporium Leaf Spot) का आक्रमण तथा (2) सूखा (drought) पड़ना बताया गया। लेकिन बंगाल का यह दुर्भिक्ष इन दोनों कारणों से ज्यादा मानवजन्य था। द्वितीय विश्वयुद्ध समाप्त होने के बाद के वर्षों में इस दुर्भिक्ष पर किए गए अनेक शोधों से यह प्रमाणित हो गया कि यह दुर्भिक्ष पूर्णतया मानवजन्य था और इसके लिए तत्कालीन ब्रिटिश सरकार पूर्णरूप से जिम्मेदार थी। द्वितीय विश्वयुद्ध के दौरान बर्मा पर जापान के आक्रमण होने के बाद वहां से भारत को चावल का आयात रूक गया था। तत्कालीन ब्रिटिश सरकार अपने सैनिकों और युद्ध में लगे अन्य कार्मिकों के लिए वृहद स्तर पर चावल की जमाखोरी करने के साथ–साथ बंगाल से चावल का निर्यात ब्रिटिश राज के अधीन अन्य देशों को भी कर रही थी । इन परिस्थितियों में बंगाल में चावल की अत्याधिक कमी हो जाने के कारण उसके बाजार भाव आसमान छूने लगे थे। दूसरी ओर जापान के आक्रमण के डर से तत्कालीन स्थानीय प्रशासन द्वारा बगांल में परिवहन के साधनों यथा, नावों और बैलगाड़ियों को जब्त या नष्ट कर दिये जाने के कारण चावल की आपूर्ति की व्यवस्था ध्वस्त हो गई थी। बाजारों में चावल मिल नहीं रहा था जिसके कारण गावों और दूर–दराज के क्षेत्रों में भुखमरी फैल रही थी। वस्तुतः बंगाल में दुर्भिक्ष जापान द्वारा बर्मा पर कब्जा

कर लेने के बाद ही आया था। दुर्भिक्ष फैलने पर ब्रिटेन के तत्कालीन प्रधानमंत्री विन्सटन चर्चिल से चावल एवं अन्य खाद्यान्नों की आपात आपूर्ति हेतु निरन्तर मांग की जा रही थी लेकिन वो इस मांग को निरन्तर क्रूरतापूर्वक ठुकराते रहे। इस प्रकार चर्चिल ने जानबूझ कर लाखों भारतीयों को भूख से मरने के लिए विवश कर दिया था।

वर्ष 1943 में आए इस भीषण दुर्भिक्ष में बंगाल में सड़कों पर जहां एक ओर हड्डी की ठठरी बनी माएं और उनके दुधमुहे बच्चे भूख और कुपोषण से सड़कों, गलियों और गावों में तड़प–तड़प कर मर रहे थे, लोग सड़कों पर फेंके गए सड़े खानों के लिए लड़ रहे थे, तो वहीं दूसरी ओर उसी समय ब्रिटिश बंगाल के अंग्रेज अधिकारी और बंगाल के उच्चवर्गीय भद्रलोक अपने क्लबों और बंगलों में ऐश कर रहे थे। बगांल की यह दुर्भिक्षजन्य भुखमरी और उससे हुई मौतें भारत में ब्रिटिश राज के इतिहास के काले अध्यायों में से एक है। ऑस्ट्रेलिया के वैज्ञानिक और सामाजिक कार्यकर्ता डा0 गिडोन पाल्या का मानना है कि बंगाल का दुर्भिक्ष एक 'मानवजन्य नरसंहार' (holocast) थीं और इसके लिए सीधे तौर पर तत्कालीन ब्रिटिश प्रधानमंत्री विन्सटन चर्चिल की नीतियां ही जिम्मेदार थीं। बंगाल का दुर्भिक्ष एक ऐसी भयावह त्रासदी थी जिसमें ब्रिटिश क्राउन में सबसे ज्यादा भारतीय नागरिकों की असामयिक मृत्यु हुई थी। ब्रितानी इतिहासकारों के अनुसार इस दुर्भिक्ष में लगभग 15 लाख लोगों की मृत्यु हुई थी। जबकि भारतीय

इतिहासकारों के अनुसार मरने वालों की संख्या लगभग 60 लाख थी। वस्तुतः भारत में ब्रिटिश शासन की शुरूआत वर्ष 1770 में बंगाल में आए दुर्भिक्ष के साथ ही हुई थी और वर्ष 1943 में बंगाल में आए भीषण दुर्भिक्ष के साथ ही उसके ताबूत में कीलें लगनी शुरू हो गईं थी।

अध्याय–17

दुनिया को बदल देने वाली ऐतिहासिक वैश्विक महामारियां
(Global Historical Pandemics)

वैश्विक स्तर पर संक्रामक रोगों के रूप में फैलने वाले रोगों को 'वैश्विक महामारी' कहते हैं। ऐसे वे सभी रोग जो बड़ी जनसंख्या या पूरे क्षेत्र, देश या एक बहुत बड़े भूभाग (जैसे कई महाद्वीपों) को एक निर्धारित समय में अनुमान से कहीं बड़े स्तर पर प्रभावित करें या उनमें फैल चुके हों, वैश्विक महामारी के रूप में वर्गीकृत किये जाते हैं। सम्पूर्ण मानव इतिहास में हैजा, चेचक, इन्फ्लूएंजा, प्लेग और तपेदिक जैसे अनेक विश्वव्यापी महामारियों का विवरण मिलता है। वर्तमान परिदृश्य में एड्स और फ्लू हाल की विश्वव्यापी महामारियों के उदाहरण हैं। मार्च 2020 में विश्व स्वास्थ्य संगठन (WHO)कोरोना विषाणु वाली घातक बीमारी 'कोविड–19' को वैश्विक महामारी घोषित किया गया है। इतिहास और वर्तमान में फैलने वाली इन संक्रामक महामारियों में से कुछ महत्वपूर्ण वैश्विक महामारियों का वर्णन इस अध्याय में किया गया है।

हैजा (Cholera)

कोलरा खाद्य विषाक्तता, दूषित जल या दूषित भोजन के सेवन के परिणामस्वरूप उत्पन्न होने वाला एक जीवाणुजन्य (bacterial) संक्रामक रोग है। खाद्य विषाक्तता दो प्रकार की होती है :(1) संक्रामक एजेंट द्वारा और (2) विषाक्त एजेंट द्वारा। खाद्य संक्रमण उन जीवाणुओं या अन्य रोगाणुओं की उपस्थिति को संदर्भित करता है जो खाद्य पदार्थों के सेवन के बाद शरीर को संक्रमित करते हैं और ये रोगजनक जीवाणु, विषाणु या परजीवी होते है। कोलरा महामारी 'विब्रिओ कोलरी' (Vibrio cholerae) नामक विषाक्त जीवाणु के संक्रमण से उत्पन्न होती है।

वैश्विक महामारी के रूप में प्रथम बार कोलरा रोग की शुरूआत वर्ष 1816 में भारतीय उपमहाद्वीप के बंगाल राज्य से हुई थी। इसके बाद वर्ष 1820 तक यह रोग सम्पूर्ण भारत में फैल गया था। इस महामारी के कारण उस समय 10,000 से भी अधिक ब्रिटिश सैनिकों और अनगिनत भारतीय नागरिकों की मृत्यु हो गयी थी। इसके बाद वर्ष 1860–1917 की कालावधि में इस महामारी से मरने वालों की संख्या 1.5 करोड़ तक पहुंच गई थी। भारत के बाद कोलरा रोग का प्रसार इंडोनेशिया, चीन और कैस्पियन सागर तक हो गया था।

द्वितीय चरण का हैजा वैश्विक महामारी के रूप में वर्ष 1831 मे रूस, हंगरी और जर्मनी में फैला जहां लगभग एक लाख लोगों

की मृत्यु हो गई। वर्ष 1832 में कोलरा लन्दन पहुंचा जहां इसके कारण 55 हजार से अधिक मौतें हुईं। इसके बाद यह रोग फ्रांस, कनाडा और अमेरिका में फैला। वर्ष 1848 में यह रोग पुनः इंग्लैण्ड और वेल्स में फैला जिसमें लभग 52 हजार मौतें हुईं। एक अनुमान के अनुसार वर्ष 1832 से 1849 के बीच लगभग 1.5 लाख अमेरिकी नागरिकों की मृत्यु हैजा महामारी से हुई थी।

वर्ष 1852 में इस महामारी से मुख्य रूप से रूस प्रभावित हुआ जहां लगभग 50 लाख लोगों की मृत्यु हुई। वर्ष 1852 में हैजा इंडोनेशिया तक फैल गया था। वर्ष 1854 में इसका प्रकोप चीन और जापान तक फैला। वर्ष 1858 में फिलीपीन्स और वर्ष 1859 में कोरिया इस महामारी की चपेट में आ गया। वर्ष 1859 में यह महामारी बंगाल (भारत), ईरान, इराक और अरब देशों तक पहुंच गया। वर्ष 1863 से 1875 के दौरान हैजा ज्यादातर अफ्रीकी और यूरोपीय देशों में फैल गया। वर्ष 1859 में यह महामारी बंगाल (भारत), ईरान, इराक और अरब देशों तक पहुंच गया। इस दौरान अरब में लगभग 30 हजार हज यात्री इस महामारी की चपेट में आ गए। वर्ष 1899 से 1923 की कालावधि में रूस में लगभग 5 लाख लोग और भारत में लगभग 8 लाख से अधिक लोगों की मृत्यु हैजा से हो गई। वर्ष 1907 से 1908 के दौरान लगभग 20 हजार हज यात्रियों की मृत्यु हैजा के संक्रमण से हो गई। बाद में वर्ष 1962 में हैजा का भयावह प्रकोप पुनः इण्डोनेशिया में शुरू हुआ और वहां से

वर्ष 1963 में यह बांग्लादेश, वर्ष 1964 में भारत और वर्ष 1966 में सोवियत संघ में प्रवेश कर गया था।

प्लेग (Plague)

वैश्विक स्तर पर मानव मौतों के रूप में तबाही मचाने के कारण सम्पूर्ण मानव इतिहास में प्लेग एक कुख्यात एवं सबसे पुरानी महामारी के रूप में जाना जाता है। इसे 'ताऊन' और 'ब्लैक डेथ पेस्ट' के नामों से भी जाना जाता है। प्लेग मुख्य रूप से कृंतक प्राणियों (rodents)(प्रायः चूहे) का रोग है जो 'येर्सिनिया पेस्टिस' (Yersinia pestis)नामक जीवाणु द्वारा होता है। येर्सिनिया पेस्टिस को पूर्व में 'पास्चुरेला पेस्टिस'(Pasteurella pestis) के नाम से जाना जाता था। मनुष्यों में यह रोग चूहों के शरीर पर पलने वाले पिस्सू के प्रत्यक्ष संसर्ग अथवा पिस्सू के दंश से उत्पन्न होता है। पिस्सू बाह्य परजीवी होते हैं और ये चूहों के शरीर पर परजीवी के रूप में रहते हुए उनका रक्त चूसते रहते हैं। पिस्सू का वैज्ञानिक नाम 'साइफोनाप्टेरा' (Siphonaptera)है और ये प्लेग जीवाणु के पोषिता (host)के रूप में कार्य करते हैं। प्लेग महामारी रोगजनक के रूप में 'येर्सिनिया पेस्टिस' की खोज वर्ष 1863—1943 के बीच स्विस फ्रेंच चिकित्सक अलेक्जन्डर येर्सिन (Alexandre Yersin)द्वारा की गई थी। इस खोज के उपरान्त प्लेग उत्पन्न करने वाले जीवाणुओं को कृंतको से मनुष्यों में, पिस्सुओं के द्वारा की जाने वाली संचरण प्रक्रिया की खोज वैज्ञानिक जीन—पाल सिमांड (Jean-Paul Simond) द्वारा वर्ष 1898 में की गई।

प्लेग भूमध्य रेखा के अत्यन्त उष्ण प्रदेशों को छोड़कर संसार के किसी भी देश में हो सकता है। प्लेग महामारी का संक्रमण पहले मूस (रैट्टस नार्वेजिकस –Rattus norvegicus) को होता है फिर इनसे चूहों (रैट्टस रैट्टस–Rattus rattus)को होता है। पिस्सू (rat flea)(वैज्ञानिक नाम– 'जिनापसिल्ला चियोपिस')(Xenopsyllacheopis) बाह्य परजीवी के रूप में इन कृंतकों का रक्तपान करता रहता है। चूहों के मरने के बाद प्लेग के जीवाणुओं से भरे पिस्सू मृत चूहों को छोड़कर अब मनुष्यों को काटते हैं और दंश के दौरान अपने अंदर भरे संक्रामक जीवाणुओं को मनुष्य के रक्त में डाल देते हैं। लगभग 180 जाति के कृंतक प्लेग के जीवाणओं से संक्रमित होते हैं। वैश्विक स्तर पर 1400 प्रजातियों के पिस्सू पाए जाते हैं जिसमें से 70 प्रजातियों के पिस्सू प्लेग जीवाणुओं के संवाहक होते हैं।

प्लेग महामारी का इतिहास 430 ईसा पूर्व एथेंस से शुरू होता है। इस कालावधि में एक चौथाई एथेनियन सैनिकों और एक चौथाई जनसंख्या की मृत्यु इस रोग से हो गई थी। इसी बीच वर्ष 251–266 के बीच 'प्लेग ऑफ साइप्रियन' नामक रोग के प्रकोप से रोम में प्रति दिन लगभग 5000 लोगों की मृत्यु हो रही थी। वर्ष 541–750 के बीच 'बूबोनिक प्लेग' का प्रकोप शुरू हो गया और कुस्तुन्तुनिया पहुंच गया जहां इस रोग के कारण प्रतिदिन लगभग दस हजार लोगों की मृत्यु हो रही थी। आगे चलकर इस रोग के कारण वर्ष 550–700 के बीच यूरोप की जनसंख्या घटकर लगभग

आधी हो गई थी। प्लेग के अंतिम प्रकोप के लगभग 800 वर्षों बाद इसने यूरोप में पुनः अपनी वापसी की । वस्तुतः इस रोग की पुनः शुरूआत वर्ष 1300 के दशक में ही हो गई थी और तब सम्पूर्ण विश्व में इससे लगभग 7.5 करोड़ लोगों की मृत्यु का अनुमान लगाया गया था। इसी कारण इस कालावधि में इस महामारी को 'ब्लैक डेथ' रोग का नाम दिया गया। उस समय एशिया से शुरू होने वाला यह भयानक रोग वर्ष 1348 में भूमध्य सागरीय क्षेत्रों और पश्चिमी यूरोप तक पहुंच गया जिसके कारण लगभग 2–3 करोड़ यूरोपीय नागरिकों की मृत्यु होने का अनुमान लगाया गया। यूरोपीय प्लेग का यह संक्रमण वहां 18वीं सदी तक जारी रहा। इंग्लैंड में प्लेग का प्रकोप वर्ष 1361 से 1480 तक जारी रहा जिसके कारण वर्ष 1370 के दशक में इंग्लैंड की जनसंख्या घट कर आधी रह गई थी। वर्ष 1665–1666 का 'ग्रेट प्लेग ऑफ लंदन' इंग्लैंड में प्लेग का अंतिम प्रमुख प्रकोप था। इस कालावधि में लंदन में लगभग एक लाख लोगों की मृत्यु हो गई थी। 19 वीं सदी के मध्य में चीन से शुरू हुए प्लेग से भारत में ही लगभग एक करोड़ लोगों की मृत्यु हो गई थी।

यूरोप में वर्ष 1405 से 1406 के दौर में वहां की लगभग एक तिहाई जनसंख्या की मृत्यु प्लेग के कारण हो गई थी जिसके कारण वहां खेत–खलिहानों में काम करने वाले श्रमिकों की बहुत कमी हो गई। श्रमिकों के कम हो जाने से वहां की जमींदारी व्यवस्था छिन्न–भिन्न हो गई। श्रमिक जमींदारों की बंधुआ मजदूरी की स्थिति

से मुक्त होने लगे जिससे नकद मजदूरी की प्रथा प्रचलन में आयी। चीन में लगातार तीन सदियों से शासन करने वाले मिंग राजवंश का भी पतन मुख्य रूप से प्लेग महामारी के कारण हुआ था। हालांकि इस राजवंश के पतन के लिए सूखा और भ्रष्टाचार जैसे कारण भी महत्वपूर्ण थे। वर्ष 1641 में उत्तरी चीन में प्लेग महामारी के कारण बड़ी संख्या संख्या में लोगों की मृत्यु हुई जिसके फलस्वरूप वहां की जनसंख्या में 20 से 40 प्रतिशत तक की कमी आ गई थी।

चेचक (Smallpox)

चेचक, 'वेरियोला' या 'आर्थोपॉक्स' (Variola or Orthopox)नामक विषाणु (virus) के संक्रमण से मनुष्यों में होने वाला एक अति संक्रामक रोग है। 16वीं सदी में कैनरी आइलैंड्स (Canary Island)के सभी मूल स्थानीय निवासियों (जिन्हें 'ग्वान्चेस' कहा जाता है) की मृत्यु चेचक के संक्रमण से हो गई थी। वर्ष 1518 में हिस्पैनिओला (Hispaniola)जो एक आइलैंड है, की आधी मूल जनसंख्या की मृत्यु चेचक रोग के कारण हो गई थी। वर्ष 1520 के दशक में चेचक ने मैक्सिको में भी भीषण तबाही मचायी थी जिससे टेनोक्टिलान के सम्राट सहित लगभग 1.5 लाख लोगों की मृत्यु हो गई। वर्ष 1618–1619 में मैसाचुसेट्स में रहने वाले 90 प्रतिशत अमेरिकी नागरिकों की मृत्यु चेचक से हो गई। इसी प्रकार वर्ष 1770 के दशक में पैसिफिक नार्थवेस्ट, अमेरिका के लगभग 30 प्रतिशत मूल अमेरिकनों की मृत्यु चेचक से हुई। एक रिपोर्ट के अनुसार नई दुनिया की 95 प्रतिशत मूल अमेरिकी जनसंख्या की

मृत्यु में चेचक, खसरा और कुछ हद तक इन्फ्लूएंजा जैसे तीन वैश्विक महामारियों का हाथ था। आस्ट्रेलिया की मूल जनसंख्या के लगभग 50 प्रतिशत भाग की मृत्यु चेचक के कारण हुई थी। चेचक ने ईस्टर द्वीप की मूल जनसंख्या का लगभग सफाया ही कर दिया था। 18वीं सदी के समापन वर्षों के दौरान, चेचक से प्रतिवर्ष लगभग 4 लाख यूरोपीय नागरिकों की मृत्यु हो गई। भारत के 1500 बी०सी० पूर्व के अनेक साहित्य में चेचक रोग का वर्णन मिलता है और तब इसे 'शीतला माता' के स्थानिक नाम से जाना जाता था। वर्ष 1960 के प्रारम्भिक वर्षों में सम्पूर्ण विश्व के चेचक के कुल रोगियों का लगभग 60 प्रतिशत भाग भारत में ही पाया जाता था। वर्ष 1974 में भारत में चेचक का संक्रमण एक महामारी के रूप में फैला था जो चेचक महामारी का सबसे विकट रूप था। उस समय भारत में पाया जाने वाला चेचक विषाणु स्ट्रेन अफ्रीका में पाए जाने वाले चेचक विषाणु के स्ट्रेन की तुलना में बहुत घातक स्ट्रेन था। उस समय भारत में चेचक से अधिकांश मौतें बिहार, उड़ीसा और पश्चिम बंगाल में हुई थी।

वैश्विक स्तर पर चेचक महामारी की भयावहता को चेचक की वैक्सीन बनने के बाद ही नियंत्रित किया जा सका। चेचक की प्रथम वैक्सीन का आविष्कार और उसके सफल परीक्षण का श्रेय अंग्रेज चिकित्सक (Physician)एडवर्ड जेनर (Edward Jenner)को जाता है। जेनर द्वारा बनायी गई चेचक की वैक्सीन ही विश्व की पहली वैक्सीन थी। जेनर ने ही सर्वप्रथम 'वैक्सीन' (Vaccine) और

'वैक्सीनेशन' (Vaccination) शब्दों का प्रतिपादन किया तथा उसके सिद्धान्त और तकनीकी पक्ष को विश्व के सामने रखा। इसी कारण एडवर्ड जेनर को 'इम्यूनोलॉजी का पिता' (Father of Immunology) भी कहा जाता है और उनके कार्य को 'किसी अन्य मानवी कार्य से ज्यादा जिंदगी को बचाने वाला' कहा जाता है। जेनर ने चेचक की वैक्सीन को सर्वप्रथम वर्ष 1798 में विश्व के समक्ष प्रस्तुत किया। वर्ष 1803 में चेचक की वैक्सीन के प्रसार के लिए लंदन में 'रॉयल जेनेरियन संस्था' (Royal Generian Society)की स्थाना की गई। वर्ष 1803 में ही स्पेन के सम्राट ने अपने सभी स्पेनी उपनिवेशों में चेचक की रोकथाम के लिए सामूहिक चेचक टीकाकरण अभियान चलाया। वर्ष 1832 में अमेरिकी सरकार ने भी मूल अमेरिकी नागरिकों के लिए एक चेचक टीकाकरण कार्यक्रम चलाया। आगे चलकर, 19वीं और 20वीं सदी में वैश्विक स्तर पर सफल चेचक टीकाकरण अभियानों के द्वारा सम्पूर्ण विश्व में इस रोग पर सफलतापूर्वक नियंत्रण कर लिया गया। चेचक महामारी पर सफलतापूर्वक नियंत्रण हो जाने पर विश्व स्वास्थ्य संगठन द्वारा वर्ष 1979 में सम्पूर्ण विश्व में चेचक की समाप्ति का प्रमाण पत्र भी जारी कर दिया गया। विश्व के इतिहास में, चेचक अब तक का सम्पूर्ण रूप से समाप्त हो जाने वाला एकमात्र मानव संक्रामक रोग है।

खसरा (Measles)

खसरा का संक्रमण 'पैरोमिक्सोविषाणु समूह' (Paramyxovirus Group)के 'मोरबिल्ली विषाणु' (Morbilli Virus)

द्वारा होता है। खसरा को 'रूबियोला'(Rubeola), 'दस दिनी खसरा' (10 day's Measles)तथा 'लाल खसरा' (Red Measles)के नामों से भी जाना जाता है। खसरा, यद्यपि एक स्थानिक महामारी रोग है लेकिन बेहद संक्रामक होने के कारण यह पूरे विश्व में फैला हुआ है। वर्ष 1875 में 40 हजार से ज्यादा फिजी नागरिकों की मृत्यु खसरा से हो गई थी जो फिजी की जनसंख्या के लगभग एक तिहाई हिस्से के बराबर थी। भारत में खसरे के संक्रमण ने अंडमान की जनसंख्या को तबाह कर दिया था। वर्ष 1952 में खसरे के संक्रमण से, क्यूबा के मूल निवासियों में से दो–तिहाई लोगों की मृत्यु हो गई थी। खसरे ने मैक्सिकों, मध्य अमेरिका और 'इन्का' की सभ्यता को नष्ट कर दिया था। एक अनुमान के अनुसार, विगत 150 वर्षों में सम्पूर्ण विश्व में खसरे के संक्रमण से लगभग 20 करोड़ लोगों की मृत्यु हो चुकी है। वर्ष 1963 में खसरे की वैक्सीन आने के पूर्व अमेरिका जैसे विकसित देश में 15 वर्ष तक की आयु के लोगों में 90 प्रतिशत लोग खसरे से संक्रमित थे और प्रतिवर्ष खसरे के संक्रमण के लगभग 3–4 करोड़ मामले सामने आते थे। वर्ष 2000 में सम्पूर्ण विश्व में खसरे के संक्रमण के लगभग चार करोड़ मामले सामने आये थे और इनमें से लगभग 7 लाख 77 हजार लोगों की मृत्यु हो गई थी। खसरे के विषाणु के 24 विभिन्न प्रकार के आनुवंशिक स्ट्रेन (Genetic Strain)पाए जाते हैं। खसरा एक संक्रामक या छुआछूत (contagious) से फैलने वाला रोग है। खसरा केवल मनुष्यों में पाया जाने वाला रोग है और इसकी कोई विशिष्ट औषधि या उपचार नहीं हैं।

तपेदिक या क्षय रोग (Tuberculosis)

तपेदिक या क्षयरोग या संक्षेप में टीबी एक संक्रामक रोग है जो 'माइकोबैक्टिरियम टयूबरकुलोसिस' (Mycobacterium tuberculosis)नामक बैक्टीरिया के कारण उत्पन्न होता है। इस बैक्टीरिया की खोज वर्ष 1882 में डा0 रार्बट कोच द्वारा की गई थी। यह एक कटु एवं दुःखद वैज्ञानिक तथ्य है कि वर्तमान वैश्विक जनसंख्या का लगभग एक तिहाई भाग इस बैक्टीरिया से संक्रमित हो चुका है और प्रति सेकेण्ड एक नए संक्रमण की दर से नित नए संक्रमण बढ़ते जा रहे हैं। इन अव्यक्त (silent) संक्रमणों में से 5–10 प्रतिशत संक्रमण अंत में सक्रिय रोग का रूप धारण कर लेंगे। क्षय रोग से संक्रमित इन नये क्रियाशील व्यक्तियों द्वारा अपनी समुचित चिकित्सा नहीं करने, परहेज और खान–पान सही नहीं रखने पर, इनमें से आधे से अधिक–रोगियों की मृत्यु हो जाएगी। इसी के साथ–साथ ये क्रियाशील रोगी, नया संक्रमण फैलाने वाले हॉट–स्पॉट के रूप में कार्य करेंगे। टीबी एक गम्भीर संक्रामक रोग है जो मुख्य रूप से फेफड़ों को संक्रमित करती है और यह जानलेवा हो सकती है। रोग उत्पन्न करने वाला जीवाणु किसी संक्रमित व्यक्ति के खांसने, छींकने, थूकने, परस्पर चुम्बन करने तथा एक–दूसरे का जूठा खाने–पीने से फैलता है। टीबी अपने तीन स्वरूपों में हो सकती है:

(1) लेटेन्ट टीबी (Latent TB),(2) एक्टिव टीबी (Active TB) और (3) रेजिस्टेन्ट टीबी (Resistant TB) ।

वर्ष 1918 तक फ्रांस में मरने वाले छह लोगों में से एक व्यक्ति की मृत्यु टीबी के संक्रमण के कारण होती थी। 19वीं सदी में यूरोप की व्यस्क जनसंख्या में से लगभग एक चौथाई लोगों की मृत्यु टीबी रोग से हुई। 19वीं सदी के अंतिम दौर तक, यूरोप और उत्तरी अमेरिका की शहरी जनसंख्या में से 70 से 90 प्रतिशत लोग टीबी से संक्रमित थे और शहरों में मरने वाले मजदूर वर्ग के लगभग 40 प्रतिशत लोगों की मृत्यु टीबी से हुई थी । भारत में क्षय रोग (टीबी) एक प्रमुख स्वास्थ्य समस्या है जिसके कारण प्रतिवर्ष लगभग 2 लाख 20 हजार लोगों की मृत्यु हो जाती है। भारत में टीबी को महामारी के रूप में तथा एक स्वास्थ्य समस्या के रूप में पहली बार वर्ष 1912 में पहचान की गई और वर्ष 1946 में एक रिपोर्ट के अनुसार भारत में उस समय टीबी के लगभग एक करोड़ 25 लाख रोगी मौजूद थे। वर्तमान परिदृश्य में वैश्विक स्तर पर प्रतिवर्ष लगभग 10 करोड़ लोगों की मृत्यु टीबी के संक्रमण से हो जाती है। विश्व के सभी विकासशील देशों में टीबी अभी भी महत्वपूर्ण स्वास्थ्य एवं चिकित्सा समस्याओं में से एक है।

टाइफस ज्वर (Typhus Fever)या सन्निपात

'सन्निपात' या 'टाइफस ज्वर' महामारी के रूप में यद्यपि शताब्दियों से मानव इतिहास में ज्ञात रहा है परन्तु वर्ष 1909 में चिकित्सक एवं सूक्ष्मजीवविज्ञानी चार्ल्स–ज्यूल्स–हेनरी– निकोले (Charles-Jules-Henri-Nicolle) और उनके साथी चिकित्सकों हावर्ड रिकेट्स (Howard Ricketts) तथा स्टेनिसलास वॉन प्रोवाजेक

(Stanislas von Prowazek)ने सर्वप्रथम इस तथ्य की खोज की कि टाइफस ज्वर मनुष्यों के बालों में पायी जाने वाली जूँ (पेडिकुलस ह्यूमेनस –(Pediculus humanu) के द्वारा एक मनुष्य से दूसरे मनुष्य में संचारित होता है। इस खोज के दौरान ही टाइफस ज्वर से संक्रमित हो जाने के कारण डा0 रिकेट्स और डॉ0 प्रोवाजेक की दुःखद मृत्यु हो गई। बाद में चार्ल्स निकोले को इस खोज के लिए चिकित्सा विज्ञान का नोबेल पुरस्कार प्रदान किया गया। इस खोज को आगे बढ़ाते हुए जर्मनी में कार्यरत एक ब्राजीली चिकित्सक हेनरिक द रोशा लीमा (Henrique da Rocha Lima)ने वर्ष 1916 में एक नये तथ्य की खोज की कि टाइफस महामारी ज्वर जीवाणु सदृश एक सूक्ष्मजीव के द्वारा उत्पन्न होता है। हेनरिक ने इस नये सूक्ष्मजीव का नामकरण डा0 चार्ल्स निकोले के दोनों साथी चिकित्सकों–डा0 रिकेट्स और डा0 प्रोवाजेक के सम्मान में करते हुए उसे इन्हीं दोनों वैज्ञानिकों का नाम दिया। इस प्रकार टाइफस ज्वर के जीवाणु को 'रिकेट्सिया प्रोवाजेकी' (Rickettsia provazeki)नाम मिला। रिकेट्सिया एक प्रकार के सूक्ष्मजीव हैं जिन्हें जीवाणुओं (bacteria)और विषाणुओं (viruses)के बीच रखा जाता है। सामान्यतया रिकेट्सिया जूँ सदृश बाह्य परजीवी कीटों की आहार नली में रहते हैं। टाइफस ज्वर दो प्रकार का होता है जिसमें प्रथम प्रकार का ज्वर 'रिकेट्सिया प्रोवाजेकी' के संक्रमण से होता है और इसका संचरण जुओं द्वारा होता है जबकि दूसरे प्रकार का टाइफस ज्वर 'म्यूराइन' (Murine)प्रकार का होता है और यह 'रिकेट्सिया

मुसेरी' (Rickettsia museri)के संक्रमण से होता है और इसका संचरण पिस्सुओं द्वारा होता है।

वर्ष 1489 में ग्रेनेडा में ईसाई स्पेनियों और मुसलमान आक्रान्ताओं के बीच हुए युद्ध में लगभग 20 हजार स्पेनी सैनिकों की मृत्यु टाइफस ज्वर से हो गई थी। वर्ष 1542, में बाल्कन युद्ध में आटोमन से लड़ते समय 30 हजार सैनिकों की मृत्यु टाइफस ज्वर से हो गई थी। वर्ष 1618–1648 के बीच, 30 वर्षों में टाइफस ज्वर और बूबोनिक प्लेग से लगभग 80 लाख जर्मन नागरिकों की मृत्यु हो गई। 15वीं से 17वीं शताब्दी के बीच टाइफस ज्वर स्पेन, समस्त यूरोप, रूस और ब्रिटेन में भीषण रूप से फैला था। एशिया में यह ज्वर चीन, कोरिया, अफगानिस्तान और उत्तरी भारत में खूब फैला। आयरलैण्ड में हुए आलू दुर्भिक्ष के समय आयरिश शरणार्थियों के साथ यह महामारी अमेरिका में भी पहुंच गई। वर्ष 1812–1813 के बीच हुए एक युद्ध अभियान में नेपोलियन के 2 लाख 19 हजार से भी अधिक सैनिकों की मृत्यु टाइफस ज्वर से हो गई थी। प्रथम विश्वयुद्ध में सर्बिया में टाइफस ज्वर से डेढ़ लाख से ज्यादा लोगों की मृत्यु हो गई थी। द्वितीय विश्व युद्ध के दौरान सोवियत रूस के कुछ कैदी शिविरों और नाजी यातना शिविरों में अनगिनत कैदियों की मृत्यु टाइफस ज्वर से हो गई थी।

यद्यपि मनुष्यों के शरीर पर रहने वाली जुओं और पिस्सुओं द्वारा संचारित होने वाला टाइफस ज्वर महामारी के रूप में अब सभ्य देशों में नहीं होता है किन्तु किसी समय यह रोग विश्व का भीषण

अभिशाप था। भीड़-भाड़, गरीबी, गंदगी, दुर्भिक्ष, अस्वास्थ्यकर जीवन-यापन परिवेश आदि स्थितियां तथा विश्वयुद्धों के समय जेलों, पानी के जहाजों, यातना शिविरों, युद्ध की खाइयों में रहने जैसी अमानवीय तथा अस्वास्थ्यकर परिस्थितियों में टाइफस ज्वर को संचारित होने का खूब अवसर मिलता था। इसीलिए इस ज्वर को 'शिविर ज्वर', 'जेल ज्वर' 'खांई' (trench) 'ज्वर' तथा 'जहाज ज्वर' आदि नामों से भी जाना जाता है।

इन्फ्लूएंजा (Influenza)

इन्फ्लूएंजा रोग का वर्णन विख्यात चिकित्सक 'हिप्पोक्रेट्स' द्वारा सबसे पहले 412 ई0पू0 में किया गया था। यह मानव सभ्यता और इतिहास की सबसे घातक महामारियों में से एक है। वैश्विक स्तर पर महामारी के रूप में इन्फ्लूएंजा को सर्वप्रथम वर्ष 1580 में रिकार्ड किया गया और उसके बाद से प्रत्येक 10 से 30 वर्ष के भीतर इस महामारी का प्रकोप होता आया है। इन्फ्लूएंजा के 'एशियाई फ्लू' रूप का पहला उल्लेख वर्ष 1889(मई) में उजबेकिस्तान के बुखारा से मिलता है। इसी वर्ष अक्टूबर में यह दमशक और काकेशस तक फैल गया था। वहां से यह महामारी पश्चिमी देशों में फैलती चली गयी। दिसम्बर 1889 में यह महामारी उत्तरी अमेरिका, फरवरी-अप्रैल 1890 में दक्षिणी अमेरिका, फरवरी-मार्च 1890 में भारत और मार्च-अप्रैल 1890 में आस्ट्रेलिया भी इस महामारी की चपेट में आ गया। इस महामारी का संक्रमण

और आक्रमण काफी घातक था जिसके कारण इससे मरने वालों की मृत्यु दर भी बहुत अधिक थी।

इन्फ्लूएंजा के 'स्पेनी फ्लू' रूप की पहचान मई 1918 के आरम्भ में कन्सास के कैम्प फस्टन के अमेरिकी सैन्य परीक्षण केन्द्र में की गई थी। इस विषाणु की पहचान एक प्रकार के 'एच 1 एन 1 (H1N1)' विषाणु स्ट्रेन में की गई। अक्टूबर 1918 तक सभी महाद्वीपों में फैलकर इस स्पेनी फ्लू ने एक वैश्विक महामारी का रूप धारण कर लिया और अन्ततः इसने लगभग एक–तिहाई वैश्विक जनसंख्या (लगभग 50 करोड़ व्यक्तियों) को संक्रमित कर दिया। हालांकि विस्मयकारी रूप से यह महामारी 18 महीनों के भीतर अपने आप पूरी तरह से गायब हो गई लेकिन छह महीनों के बाद ही इस महामारी ने लगभग 5 करोड़ लोगों को मौत के मुंह में ढकेल दिया। यद्यपि कुछ रिर्पोटों के अनुसार वैश्विक स्तर पर इस महामारी से मारे गए लोगों की कुल संख्या संदर्भित संख्या के दोगुने से अधिक थी। भारत में लगभग 01 करोड़ 70 लाख (देश की कुल जनसंख्या का लगभग 6 प्रतिशत), अमेरिका में 6 लाख 75 हजार और ब्रिटेन में 2 लाख लोग मारे गये। स्पेन्शि फ्लू को भारत में 'बाम्बे फीवर' या 'बाम्बे इन्फ्लूएन्जा' भी कहा जाता था। प्रथम विश्व युद्ध के बाद इन्फ्लूएन्जा संक्रमण से भारत में घर के घर खाली हो गए थे। इस महामारी से इतने लोगों की मृत्यु हुई थी कि गंगा नदी के किनारे न तो चिताओं की आग बुझ पाती थी और न ही नदी में मृतकों की लाशें कभी कम हो पाती थी। वर्ष 1918 के तत्कालीन सैनिटरी

कमिश्नर की रिपोर्ट में बताया गया था कि स्पेनिश फ्लू से इतनी अधिक मौतें हुई कि अंतिम संस्कार के लिए लकड़ियों की कमी हो गई जिसके कारण शव नदियों में प्रवाहित किए जाने लगे थे। स्पेनिश फ्लू की भयावहता का वर्णन इतिहासकार डेविड किलिंग्रे (David Killngray) और हावर्ड फिलिप्स (Howard Phillips) ने अपनी पुस्तक 'द स्पेनिश एन्फ्लूएन्जा पैनडेमिक ऑफ 1918–1919: 'न्यू पर्सपेक्टिव' (The Spanish Influenza Pandemic of 1918-1919:New Perspectives)में विस्तार से किया है।

'एशियाई फ्लू' के संक्रमण का दूसरा दौर वर्ष 1957–1958 में शुरू हुआ। उस समय इस विषाणु की पहचान एक 'एच 2 एन 2 (H2N2)' विषाणु स्ट्रेन के रूप में की गई और इसकी उत्पत्ति दक्षिणी चीन के गुईझोंग प्रांत को माना गया। चीन और अमेरिका सहित सम्पूर्ण विश्व में इस फ्लू महामारी से उस समय लगभग 2 करोड़ लोगों की मृत्यु हुई थी। इन्फ्लूएन्जा के 'हाँग काँग फ्लू' रूप की पहचान सर्वप्रथम वर्ष 1968 के प्रारम्भिक दिनों में हाँग काँग में हुई थी। यह एक 'एच 3 एन 3 (H3N3)' विषाणु स्ट्रेन था। वर्ष 1968 में ही यह अमेरिका में फैल गया जिसके कारण अमेरिका में लगभग 34 हजार लोगों की मृत्यु हो गई। वर्ष 1968 से वर्ष 1969 के बीच फ्लू की इस महामारी में वैश्विक स्तर पर लगभग 10 लाख लोगों की मृत्यु हो गई थी। फ्लू विषाणु का यह स्ट्रेन आज भी अपने संक्रमण की प्रभावित को बनाए हुए है।

अध्याय—18

कोविड—19 (कोरोना विषाणु) महामारी
Covid-19 (Coronavirus) Pandemic

विषाणु

विषाणु का आकार मुख्यतः दो प्रकार का होता है : (1) छड़ या तंतु रूपी और (2) गोलाकार या कण रूपी। गोलाकार विषाणु वास्तव में 20—पक्षीय (आइकोसाहेड्रेल) बहुभुज के रूप में होते हैं। इन कणों का व्यास 5 से 300 नैनोमीटर तक होता है। विषाणु के एक कण को 'विरिओन' (Virion) कहते हैं। विषाणु अविकल्पी परजीवी (obligate parasites)होते हैं। सजीव कोशिकाओं के बाहर ये केवल एक निर्जीव न्यूक्लिओप्रोटीन कण होते हैं। विषाणु को फैलने के लिए एक जीवित पोषक कोशिका की आवश्यकता होती है। विषाणु जब पोषक कोशिका के बाहर होता है तो लिपिड बाइलेयर कैप्सूल, झिल्ली प्रोटीन और न्यूक्लियोकैप्सिड, विषाणु की रक्षा करते हैं। कोराना विषाणु के कैप्सूल में एक लिपिड बाइलेयर होती है जबकि (1) झिल्ली (membrane)(2) आवरण (cover)और (3) स्पाइक (spike) संरचनात्मक प्रोटीन के कण होते हैं। कैप्सूल के अन्दर न्यूक्लियोकैप्सिड होते हैं, जो कि न्यूक्लियोकैप्सिड—एन प्रोटीन की कई प्रतियों से बना होता है। वस्तुतः विषाणुओं में आनुवंशिक पदार्थ तो होता है लेकिन उनके पास अपनी उपपचयी यांत्रिकी

(metabolic mechanism) नहीं होता है जिसके कारण वे अपने आनुवंशिक पदार्थ का उपयोग अपने जीवन–चक्र को आगे बढ़ाने में नही कर पाते हैं। विषाणुओं में यह आनुवंशिक पदार्थ, 'राइबोन्यूक्लिक अम्ल' (Ribonuclic Acid);संक्षेप में 'आरएनए' (RNA)या 'डिआक्सीराइबोन्यूक्लिक अम्ल' (Deoxyribonuclic Acid);संक्षेप में 'डीएनए' (DNA)होता है। कोरोना विषाणु में आनुवंशिक पदार्थ 'आरएनए' होता है। किसी संक्रमण के द्वारा जैसे ही ये विषाणु किसी सजीव परिपोषी या पोषक कोशिका (host cell) में प्रवेश करते हैं, ये पोषक कोशिका के जीनोम को नष्ट करके उसकी उपापचयी यांत्रिकी पर कब्जा कर लेते हैं और अपने जीनोम और कैप्सिड प्रोटीन अणुओं का संश्लेषण प्रारम्भ करके संतति विषाणु कणों का निर्माण करने लगते हैं। इस जैविक प्रक्रिया के फलस्वरूप विषाणु कणों में बहुत तेजी से वृद्धि होने लगती है। विषाणु के इस जीवन चक्र को 'लाइटिक चक्र' (lytic cycle)या 'परजीविता चक्र' (parasitic cycle) या 'पोषक–कोशिकीय चक्र' (host cell cycle) कहते हैं। इस लाइटिक चक्र के फलस्वरूप उत्पन्न हुए विषाणु कण बहुत घातक (virulent)होते हैं और ये नई पोषक कोशिकाओं का उपयोग करके बहुत तेजी से अपनी संख्या बढ़ाते जाते हैं।

क्या है कोरोना विषाणु

कोरोना विषाणु कई प्रकार के विषाणुओं के समूह का एक सदस्य है और ये मुख्य रूप से पशु–पक्षियों को संक्रमित करते रहते

हैं, लेकिन उत्परिवर्तित (mutate) होकर ये मनुष्यों को भी संक्रमित करके अनेकानेक प्रकार के रोग उत्पन्न करने के लिए जाने जाते हैं। इस वंश में चार प्रकार के कोरोना विषाणु होते हैं, यथा (1) अल्फाकोरोना विषाणु (Alfacorona Virus),(2) बीटाकोरोना विषाणु (Betacorona Virus),(3) गामा कोरोना विषाणु (Gammacorona Virus) तथा (4) डेल्टाकोराना विषाणु(Deltacorona Virus)। ये कोरोना विषाणु मनुष्यों में सामान्य जुकाम से लेकर गम्भीर स्वरूप के अनेक रोग जैसे 'मर्स' (Middle East Respiratory Syndrome) एवं 'सार्स' (Severe Acute Respiratory Syndrome)आदि के कारण बनते हैं। कोराना विषाणु एक 'जूनोटिक विषाणु' (Zoonotic Virus)है, अर्थात यह पशु–पक्षियों से मनुष्यों में और फिर मनुष्यों से मनुष्यों में तीव्रता से संचारित हो सकता है। कोराना विषाणु में चार सामान्य प्रकार यथा, (1) 229 अल्फाकोरोना विषाणु, (2) NL63 अल्फाकोरोना विषाणु, (3) OC43बीटाकोरोना विषाणु एवं (4) HNU1 बीटाकोरोना विषाणु होते हैं।

लैटिन भाषा में 'कोरोना' का अर्थ 'मुकुट' होता है और इस विषाणु कण के चारो ओर उभरे हुए कांटों जैसी संरचनाओं, जिन्हें 'स्पाइक'(spike)कहते हैं, के कारण इलेक्ट्रान माइक्रोस्कोप में विषाणु मुकुट सदृश्य संरचना दिखती है। इसी कारण इस विषाणु का नाम, 'कोरोनाविषाणु' (Coronavirus)रखा गया है। यद्यपि सूर्यग्रहण के समय, जब चन्द्रमा सूर्य को ढक लेता है, तब चन्द्रमा के चारो ओर के किनारों से किरणें निकलती प्रतीत होती हैं, तो उसे भी 'कोरोना'

कहते हैं। विश्व स्वास्थ्य संगठन (World Health Organization-'WHO') ने किसी विशेष भौगोलिक क्षेत्र, जीव–जन्तुओं की प्रजातियां, या लोगों के समूह पर कलंक लगने से बचने के लिए, इस विषाणु का नाम 'कोविड–19' (Covid-19) रखा है। इस नामकरण में CO का अर्थ है 'Corona', 'VI'का अर्थ 'Virus' और 'D'का अर्थ 'Disease'है। कोरोना विषाणु को प्रथम बार 31 दिसम्बर 2019 को चिन्हित किए जाने के उपरान्त कोविड में 19 को जोड़कर 'कोविड–19' लिखा और पढ़ा जाने लगा है।

कोविड–19 का पहला उद्भव चीन के बुहान शहर में वर्ष 2019 में हुआ था। यह एक नए किस्म का कोरोना विषाणु है जिसे वैश्विक स्तर पर मनुष्यों में संक्रमण उत्पन्न करते हुए इससे पहले कभी नहीं रिकार्ड किया गया था। इस विषाणु का संभावित स्रोत चमगादड़ को माना गया है। कोरोना विषाणु महामारी की शुरूआत एक नए किस्म के कोरोना विषाणु जिसे '2019–एन COV' का नाम दिया गया है, के संक्रमण के रूप में मध्य दिसम्बर में हुई। इस विषाणु में कम से कम 70 प्रतिशत वही जीनोम अनुक्रम में पाए गए जो 'सार्स–कोरोना' विषाणु में पाए जाते हैं। कोविड–19 का संचरण आमतौर पर तब होता है जब इस विषाणु से संक्रमित किसी व्यक्ति द्वारा प्रायः छींकने या खांसने द्वारा वातावरण में छोड़ी गई बूंदों या हवाई कणों, जिन्हें 'एरोसॉल' (aerosol) या 'ड्रापलेट्स' (droplets) कहते हैं, को कोई स्वस्थ व्यक्ति अपने शरीर के अन्दर ग्रहण कर लेता है। यह संक्रमण विषाणु से संक्रमित सतहों और वस्तुओं के

सम्पर्क में आने से भी हो सकता है। संक्रमण का खतरा तब और बढ़ जाता है जब दो या दो से ज्यादा लोग एक दूसरे के निकट मौजूद हों या भीड़ के रूप में मौजूद हों या फिर किसी संक्रमित व्यक्ति के सम्पर्क में आये हों। कोरोना विषाणु लम्बे समय तक वातावरण में रहते हुए संक्रमण की क्षमता बनाए रख सकता हैं। कोविड—19 से संक्रमित व्यक्ति 20 दिनों तक संक्रामक रहता है और उसके अन्दर संक्रमण का कोई लक्षण (asymptomatic condition)नही होने पर भी कोरोना विषाणु का संक्रमण फैल सकता है। कोरोना विषाणु बहुत खतरनाक है और अलग—अलग देशों और भौगोलिक क्षेत्रों में यह अपने भीतर उत्परिवर्तन करके अपने नए—नए वैरियंट तैयार करता रहता है जिससके कारण इसके संक्रमण के लक्षण भी बदलते रहते हैं। संक्रमित व्यक्ति के शरीर में प्रतिरोधक क्षमता कमजोर होने और पर्याप्त चिकित्सा और सावधानी का पालन नहीं करने से संक्रमण जानलेवा हो जाता है। वैश्विक स्तर पर कोरोना विषाणु का संक्रमण नियंत्रण से बाहर हो जाने के कारण 13 मार्च 2020 को विश्व स्वास्थ्य संगठन द्वारा 'कोवड—19' को 'महामारी' घोषित कर दिया गया। वस्तुतः किसी रोग को महामारी तब घोषित किया जाता है जब वह रोग बहुत तेजी से विश्व के कई देशों और भौगोलिक क्षेत्रों में एक साथ लोगों के बीच आपसी सम्पर्क के कारण फैलता चला जाता है।

कोविड–19 के संक्रमण को रोकने के लिए अनुशंसित निवारक उपाय

कोरोना विषाणु के संक्रमण और प्रसार को मनुष्यों के बीच होने वाले आपसी सम्पर्क को न्यूनतम स्तर पर लाकर रोका जा सकता है। नियमित रूप से साबुन से हाथ–मुंह धोते रहने, सैनिटाइजर का उपयोग करते रहने, शरीर की रोग–प्रतिरोग क्षमता को बढ़ाने तथा समय–समय पर उचित चिकित्सा से विषाणु का संक्रमण कम करने के साथ–साथ उसे रोका भी जा सकता है। सार्वजनिक स्थानों पर मास्क पहनना, छींकते एवं खांसते समय मुंह को ढके रहना, किसी भी वस्तु को स्पर्श करने से बचना, बाहर से सामानों की बाहरी सतहों को विधिवत सैनिटाइज करने के बाद ही उपयोग में लेना, अनावश्यक रूप से घर से बाहर आवागमन नहीं करना आदि उपाय संक्रमण को रोकने एवं उसके प्रसार को कम करने में बहुत प्रभावी उपाय हैं। संक्रमित हो जाने पर स्वास्थ्य विभाग द्वारा जारी कोविड प्रोटोकाल यथा, आइसोलेशन तथा क्वारन्टाइन में रहना, अनुशंसित औषधियों का उपभोग करना, संतुलित जीवन–चर्या का नियमपूर्वक पालन करना आदि पूरी तरह से आवश्यक होता है। कोविड–19 का संक्रमण हो जाने के बाद अपना मनोबल उच्च बनाए रखना तथा अपने मनपसंद कार्यों को करना बहुत महत्वपूर्ण होता है। आइसोलेशन तथा क्वारन्टाइन में रहने के दौरान तथा चिकित्सा के दौरान पौष्टिक एवं सुपाच्य भोजन

करना, योगासनों एवं आयुर्वेदिक औषधियों यथा, काढ़ा आदि का नियमित रूप से सेवन करते रहना लाभदायक माना गया है।

कुछ महत्वपूर्ण परिभाषाएं

कारक (Factor)   : यह बाहय बल, पदार्थ या दशा है जिससे किसी आवास में रहने वाले जीव प्रभावित होते हैं।

आवास (Habitat):   वह स्थान जहां पर कोई जीव आहार करता है, शारीरिक वृद्धि करता है तथा जनन करता है, आवास कहलाता है।

वनस्पति (Vegetation): किसी प्रदेश में उगने वाली वनस्पतियों या पौधों के समूह को वनस्पति कहते हैं। इसमें पौधों की सभी समष्टियाँ सम्मिलित होती हैं।

वनस्पति–समूह (Flora): किसी प्रदेश में अथवा किसी स्थान विशेष में किसी, विशेष काल (मौसम) में रहने वाले छोटे एवं बड़े, समस्त प्रकार के पौधों को वनस्पति–समूह कहते हैं।

प्राणि–समूह (Fauna): किसी प्रदेश में अथवा किसी स्थान विशेष में रहने वाले छोटे एवं बड़े समस्त प्रकार के प्राणियों को प्राणि–समूह कहते हैं।

समष्टि (Population): किसी प्रदेश या स्थान विशेष में एक जाति के जीवों की उपस्थिति को समष्टिकहते हैं।

समुदाय (Community): इसमें किसी एक ही प्रदेश में या स्थान विशेष में रहने वाली समष्टियों के समस्त जीव शामिल होते हैं। इसे कई जातियों का समूह भी कहा जा सकता है। इसमें पेड़–पौधों, जन्तुओं, एवं सूक्ष्म जीवों की समष्टियाँ शामिल होती हैं।

जनगणना(Census) :निश्चित आर्थिक और सामाजिक आँकड़ों सहित किसी दिए गए क्षेत्र की किसी समय अन्तराल पर की गई जनसंख्या की आधिकारिक गणना।

जनसंख्या घनत्व (Population Density): किसी क्षेत्र की निश्चित इकाई, जैसे एक वर्ग किलोमीटर में बसने वाले निवासियों की औसत संख्या।

प्राकृतिक संसाधन (Natural Resources): खनिज निक्षेप, मिट्टी की उर्वरता, इमारती लकड़ी, ईंधन, जल, संभाव्य जलशक्ति, मतस्य और वन जीवन इत्यादि जैसा प्रकृति प्रदत्त धन।

पर्यावरण (Environment) : परिस्थान, पर्यावास अथवा दशाएं जिसमें व्यक्ति अथवा अन्य जीव वास करते हैं औरअपने लक्षणों/स्वरूपों का विकास करते हैं। इसके अन्तर्गत भौतिक और सांस्कृतिक दोनों तत्व आते हैं। इसमें धरा पर मौजूद सभी जीवों को सामूहिक रूप से प्रभावित करने वाले सभी कारक भी आते हैं।

बागवानी (औद्योगिक कृषि) (Horticulture): खेतों में फसलें उगाने की तुलना में प्रायः छोटे या बड़े भूखण्डों पर सब्जियों और फलों का उगाना।

रसायनिक उर्वरक (Chemical Fertilizer): पौधों के जीवन के लिए आवश्यक पोषक तत्व यथा, फासफोरस, पोटेशियम और नाइट्रोजन जैसे रसायनिक तत्वों से युक्त प्राकृतिक अथवा कृत्रिम मूल का रसायनिक पदार्थ। इन्हें मिट्टी में उसकी उत्पादकता बढ़ाने के लिए डाला जाता है।